JN034362

ビットコイン大破産時代の到来

大損しないための税金対策ガイド

税理士法人
ファシオ・コンサルティング代表税理士
八木橋泰仁

ビジネス社

はじめに　**「暗号資産」の取引で得た利益、ちゃんと申告しましたか？**

暗号資産の取引で生じた明暗

億単位の利益を出していたと税務署に指摘されたが、手元あるすべての財産を換金してもせいぜい1000万円ほどしかない。提示された税額なんてとてもじゃないが払えない。もう**自己破産**するしかない……。

こんな話があるなんて、信じられますか？　億単位で儲けたのに、自己破産する羽目になる。実はこのような大変残念な状況に陥っている、本人も理解していなかった『億(おく)り人』は着々と生まれています。私の元に、過去の申告に関する相談や、実際に自己破産せざるを得なかった方の報告が続々と来ています。

いずれの方も、実は**暗号資産の収支計算方法や税金について、知らなかったか、知らないふりをしていたことが原因**で、こんな事態になっているのです。

もちろん、実際には数千万円や数百万円であったとしても、自分自身では理解してなかった儲けがあって、あとから税務署に指摘され、追加で税金を払う羽目になったらどうでしょうか。現金を用意し、耳をそろえて税金を払わなければなりません。その準備をすぐできますでしょうか。

おそらく、この本を手に取った方は、暗号資産を持っていらっしゃると思います。暗号資産は、『資金決済に関する法律』（資金決済法）第2条第5項において、次の性質を持つものと定義されています。

(1)不特定の者に対して、代金の支払い等に使用でき、法定通貨（日本円や米国ドル等）と相互に交換できる。
(2)電子的に記録でき、移転できる。
(3)法定通貨または法定通貨建ての資産（電子マネー等）ではない。

というわけですが、要はビットコインやイーサリアムなど、これまで「仮想通貨」と呼ばれていたものと同じであると考えてください。また、(1)～(3)に該当する暗号資産と交換できるトークンも、暗号資産に分類されます。今まで仮想通貨と呼ばれていましたが、前出の法律が改正されたことによって、「暗号資産」という呼び方に変わりました。海外ではもともと「Crypto Currency」、または「Crypto Asset」と呼ばれており、Cryptoは「暗号」という意味ですから、日本の呼び方が海外と統一されたと考えても良いでしょう。なので、本書でもそれに倣い、原則として仮想通貨ではなく「暗号資産」という呼び方にさせていただきます。

暗号資産の価値は、２０１７年初頭から２０１７年12月末にかけて急に上昇しました。暗号資産の代表ともいえるビットコインの円建て価格は、２０１７年初は１ＢＴＣ10万円もしませんでしたが、同年８月に１ＢＴＣ＝50万円を超え、同年12月には一気に１ＢＴＣ＝２３７万円まで上昇したのです。正直、株式でもＦＸ（外国為替証拠金取引）でも、ここまで短期間で資産の価値が大きく上昇したケースなど、ほとんどありません。

結果、ビットコインなどの暗号資産を持っていた人たちの中から、億単位で資産を持つことになった人**「億り人」**と呼ばれる人が出てきました。正確に何人が億り人になったのかは定かでありませんが、国税庁によると２０１７年に暗号資産の取引による所得を含めて１億円を超えたとして確定申告があった人の数を３３１人と公表しています。実際はもっと多かったのではないかと言われています。宝くじで１億円以上の当たりは年間３５０

人くらい誕生していると言われていますので、少なくともそれに匹敵するくらいの方が、宝くじで1等を当てたようなものだった、と言えるのではないでしょうか。

ただ、そこから**明暗**が分かれました。

ビットコインの価格は、前述したように1BTC＝237万円まで値上がりしたのち急落し、2018年2月には64万円まで値下がりしました。その後も価格はなかなか上昇に転じることなく、一時は30万円台まで低迷しました。

すでに高値で売り抜けた人は、まさに億り人になれたわけです。たとえばビットコインの価格が1BTC＝150万円くらいまで値上がりしたところで購入し、そのまま保有していた人は、一時的には利益を得ることができたかもしれません。ところが利益を確定させない限りは単なる**「含み益」**に過ぎなかったため、その後の価格急落で現状、含み損を抱え込んでいる状況のはずです。おそらく、あの上昇局面では、もっと値上がりするという見方が大勢を占めていただけに、売り抜くことができず、そのまま保有している人は少なくないでしょう。

では、売り抜けられた人はラッキーだったのでしょうか。今、実際に「ラッキーだった」と思っている人には、**「ちゃんと申告して納税しましたか？」**と、改めてお聞きしたいと思います。さて、皆さんはどうですか？

税務署から連絡が来た時点で手遅れ？

実は最近、私のところに税務調査の相談にお越しになる方が増えています。

もちろん私は税理士ですから、税金や税務調査の相談にお越しになる方がいるのは当然なのですが、注目したいのは相談の内容です。税金関係の相談といえば、企業の税務に絡んだ相談に加え、相続問題が生じた場合などが一般的です。ところが最近は暗号資産の税金に絡んだ相談が増えているのです（もちろん、私が暗号資産の税務・会計に詳しいということもあります）。

しかし、相談の内容は**かなり深刻**です。なかには「税務署から暗号資産の取引があるようなので、詳しく話を聞かせてほしいと呼び出しを受けたのだけど、申告も納税もしていない。実際に今は含み損を多く抱えていて、おそらく税金も払えないと思う……どうしたら良いだろうか」というご相談もあります。

税理士として正直なところを申し上げます。税務署から呼び出しを受けたり、正式に税務調査の手続きがあった時点で相談にお越しになったとしても、こちらとしては何も手を打つことはできません。言うまでもなく税金は自分で申告して納税しなければならないものですし、いくら税理士でも、払うべき税金を払わずに済むアドバイスなどできるはずもありません。

もちろん多少なりとも節税するための方法を考えることはできますが、それも税務署から指摘を受ける前の段階で、という話です。税務署からお尋ねや税務調査の手続きがなされた段階では、納税者が不利な取り扱いを受けないように準備し、対応し、時に当局と交渉するといったことしかできません（それでも間違いなくご自身だけで対応するより有利になる可能性は高いですが）。払うべき税金を払わずに済ませたり、税額を減らすことはできないのです。

本書は暗号資産に投資された方が手に取られていると思いますので、「暗号資産の収支計算方法がわからなかったし、面倒臭かったから税金の手続きしていないんだよね」という心当たりがあれば、今からでも遅くはありませんから、申告・納税の手続きをしてください。これは強く申し上げますが、面倒臭がって何もしないでいると、後になって本当に大変なことになります。

税金の怖いところは、負債（借金）と違って破産による納税免除がないことです。単なる借金であれば、自己破産することによって返済を免れます。でも、税金はいくら自己破産したとしても、原則として納税義務が免除になるわけではありません。どれだけ時間がかかったとしても、分割して払う義務があります。

このように免責にならない債権のことを**「非免責債権」**といい、税金以外では健康保険料、年金保険料、養育費、罰金などがあります。法人が滞納していた税金については、その法人が倒産すれば、破産手続きが終了した時点で完全に消滅します。ところが個人が滞納した税金は、たとえ個人で破産したとしても、納税義務は残るのです。

また、申告・納税をしていない、あるいは適当に計算して提出した申告書で納税していたとしましょう。税務調査を受けて、所得を隠した「仮装・隠ぺい」として、悪質と判断されると、パソコンやスマートフォン等を差し押さえられ、長期間の取り調べを受けたうえで場合により逮捕・起訴という事態に追い込まれることも考えられます。これがもし、ご自身が会社員で、副業的に暗号資産を保有し、申告・納税をきっちりしておらず、税務調査でも誠実な対応をしなかったら……最悪の場合、仕事も財産も大きく失うことにもなりかねません。

失うものが非常に大きいからこそ、暗号資産を一度でも取引した経験を持っている方は、まずは取引で利益を得たかどうか、そして収支計算を行って申告・納税していたかどうかを、きちんとチェックしてください。もし利益が出ていたのに申告・納税していないという方は、一刻も早く申告・納税することをお勧めします。

税務署はあなたがどれだけ儲けたのかを知っている!?

ここまで申し上げても、「税務署は何も言ってこないから、このまま放置しておけば見つからないかもしれない」という、非常に楽観的な考え方をしている人もいらっしゃると思います。実際、セミナー等でもよく質問を受けます。

残念なことですが、税務署から連絡が来ないからといって、**「逃げ切れた」**というわけではありません。

あまり報道されていませんが、実は2019年の夏あたりから、税務調査に入られている個人投資家が増えているという話をチラホラ耳にするようになりました（実際に相談を受けたり、立ち会ったりもしています）。そうであるにもかかわらず、皆さんのところに税務署からの連絡が来ないのは、対象人数が多いこと、対応できる当局の職員が限られていること、調査に時間がかかることから、暗号資産の取引量や保有数等で優先度を決めて動いているために、**まだ順番がきていないだけ**ではないかと思われます。もちろん、きちんと収支計算をしているし、税理士もついているから税務調査に行っても仕方がない、というケースもあります。

税金を納めていなければ、遅かれ早かれ税務署から連絡が来ます。「自分が行っている取引なんて少額だから、税務署もお目こぼししてくれるのではないか」という期待を抱く人もいそうですが、残念ながら日本の暗号資産取引所は全社、自分のところで売買を行っている顧客の情報のすべてを国税庁に渡していると思われます。

つまり、皆さんがどこかの暗号資産取引所で取引したとしたら、その内容は国税庁に知られてもおかしくはないのです。したがって確定申告がされていない、あるいはしているけど暗号資産の雑所得の金額が載っていない事実を税務署が確認したら、確実といっても良いほど税務署から連絡がいくでしょう。結果として、税務調査に応じなければなりません。税金の追徴やペナルティも含めて納税させられます。

おそらく、これからは逮捕者も出てくるのではないかと思われます。単に申告するのを忘れたとか、手続きがよくわからずに放置してしまったという程度であれば、脱税とはならないかもしれませんが、なかには意図的に利益を隠したり、ごまかしたりしていると認定される人もいるかもしれません。この場合、「仮装・隠ぺい行為」といって、本来なら得ていたはずの利益を故意に隠したり、使っていない経費を計上して利益を圧縮したりすれば、脱税と認定されて**重加算税の対象**になります。過去3年間で暗号資産の取引で得た利益をごまかし、5000万円~1億円を超えるような高額な税額を申告していなかったりした場合は、国税庁査察部（マルサと呼ばれています）による厳しい税務調査を受けます。その後、検察に呼ばれてこってりと取り調べられ、場合により逮捕・起訴に至るケースも出てくるでしょう。

では、儲けた額が少なければお目こぼしになるかというと、それも違います。仮装・隠ぺい行為とみなされず（故意・悪質とは認定されず）、申告漏れを指摘された場合は、金額や内容によりますが、追徴となった税額に対し5~30パーセントの加算税が課されます。またもし仮装・隠ぺい（悪質）であるとみなされた場合は、なんと追徴となった税額に対し35~40パーセントの重加算税が課せられます。これらの他に本来、納税期限から生じる延滞税も加わりますので、結局のところ暗号資産の売買で稼いだ**利益以上の税金**を納めなければならないケースもあります。

税務当局も、取引所の方々も、暗号資産の税金を申告している人はまだまだ少ないのではないか、と見ているようです。おそらく、心当たりのある方もかなりいらっしゃるのではないでしょうか。

暗号資産投資家の情報は、皆さんが思っているよりも、かなり多くを税務当局は入手していると思われます。次の調査対象は、貴方かもしれません。

本書では、わかりにくい暗号資産の税金や収支計算の方法について、誰でもわかるように解説し、暗号資産投資家の皆さんが申告・納税ができるようにすることを目的にしています。皆さんが申告・納税をできるようになれば、ここに書いたような心配から解放され、心おきなく暗号資産の投資に取り組めるはずです。

結局、**一番トク**（これをトクといっても良いのかどうかわかりませんが）するのは、きちんと手続きを踏んで納税するべきものを納税した人たちなのです。なにより、心理的な安全が確保されますからね。

【用語について】・暗号資産と仮想通貨、トークン、コインの関係

暗号資産と仮想通貨は同じと思ってください。ただ、資金決済法で、法定通貨または法定通貨と取引できる暗号資産と交換できる（市場がある）トークンを暗号資産といいます。トークンは、時に暗号資産を指すこともありますが、市場はないが、送付・受取ができるものもあります。

したがって、暗号資産はトークンのごく一部（市場があり法定通貨と直接・間接に交換可能のもの）を指すと考えられますので、本稿では、

トークン＞暗号資産（仮想通貨）

という前提で記載しております。なお、コインはトークンを指したり、暗号資産を指したりするようですが、本稿では暗号資産を指します。

著者

本書は2020年1月における日本国の税制、法制度等に基づいて記述しており、文中の事案等は一般的に多くの方が適用されるであろう内容を前提として記載しております。実際の適用においては、個人または法人のおかれている状況、環境によって判断が変わる場合がありますので、具体的な判断をされる際には、税理士・弁護士などの専門家に相談のうえ、実行するようにお願いいたします。本書の内容を参考に実行したことによって損害等が生じた場合であっても、筆者は責任を持つことはできませんのでご了承ください。また、今後の税制、法制度、行政機関の方針の変更等によって、行うべき判断の内容が変更される場合があります。できる限り筆者のホームページ等で変更点はお伝えいたしますが、この変更の可能性についてはご了承ください。

はじめに　「暗号資産」の取引で得た利益、ちゃんと申告しましたか？　2

第1章●暗号資産のキホン

第2章● 暗号資産 損益計算の基本

第3章 まさか！ の損失にどう備えるか

第4章 個人の税金はどうなるの？

第5章 「法人成り」して投資するという手もある

第6章 暗号資産の税金に裏技はあるのか

第1章

暗号資産のキホン

暗号資産ってなに?

暗号資産が世に出たのは、2009年のことです。最近はさまざまな種類のトークンがありますが、初めてのトークンであり取引がなされたのは、皆さんもご存じの**「ビットコイン」**(BTC)でした。

ビットコインがサトシ・ナカモトという人物によって書かれた論文をベースにして開発されたことや、2010年に1万BTCで、米国のパパ・ジョンズというピザ屋さんのピザ2枚と交換されたといった逸話など、ビットコインに絡んだよもやま話はたくさんあります。ただし、この手の話はインターネットなどいろいろなところで簡単に読むことができますので、ここでは割愛いたします。

ちなみに1万BTCとピザが交換されたのは2010年5月22日のことで、当時はまだビットコインの価値はほとんどありませんでした。2019年12月時点で1BTC＝80万円前後ですから、現在の時価は80億円にもなります。1万BTCでピザ2枚を購入した米国のプログラマーはさぞかし悔しがっているのではと思う方は多いでしょう。ただし本人に言わせればまったく後悔はしていないようで、当時、ほぼ無価値に近かったビットコイ

ンでピザ2枚と交換できたことは、「実にクールなことだった」と言ったそうです。（図1）

前述したように、日本国内で「暗号資産」という名称が用いられるようになったのは、2017年に施行された資金決済法の改正案が2019年5月31日に成立、2020年4月1日から施行するということでそれまでは「仮想通貨」という言葉が用いられてきました。暗号資産の定義については冒頭でも触れていますが、要するに「インターネットを通じて、不特定多数の間で物品やサービスの対価に使用でき、中央銀行などの公的な発行主体や管理者が存在せず、取引所を介して円などの法定通貨や他の暗号資産と交換できるもの」が、暗号資産ということになります。そして、こうした取引を安全かつ迅速に行えるようにするためのベースとなるテクノロジーが、**「ブロックチェーン技術」**です。

時々、ブロックチェーンと暗号資産（仮想通貨）、ビットコインがごちゃ混ぜに理解されていて、暗号資産＝ビットコイン、ビットコイン＝ブロックチェーンといった理解をされている人もいますが、それぞれ異なる概念ですので、ここでしっかり整理して理解しておきましょう。

といっても、そんなに難しい話ではなく、ビットコインはたくさんある暗号資産（トー

図1　ビットコインの円建て価格推移

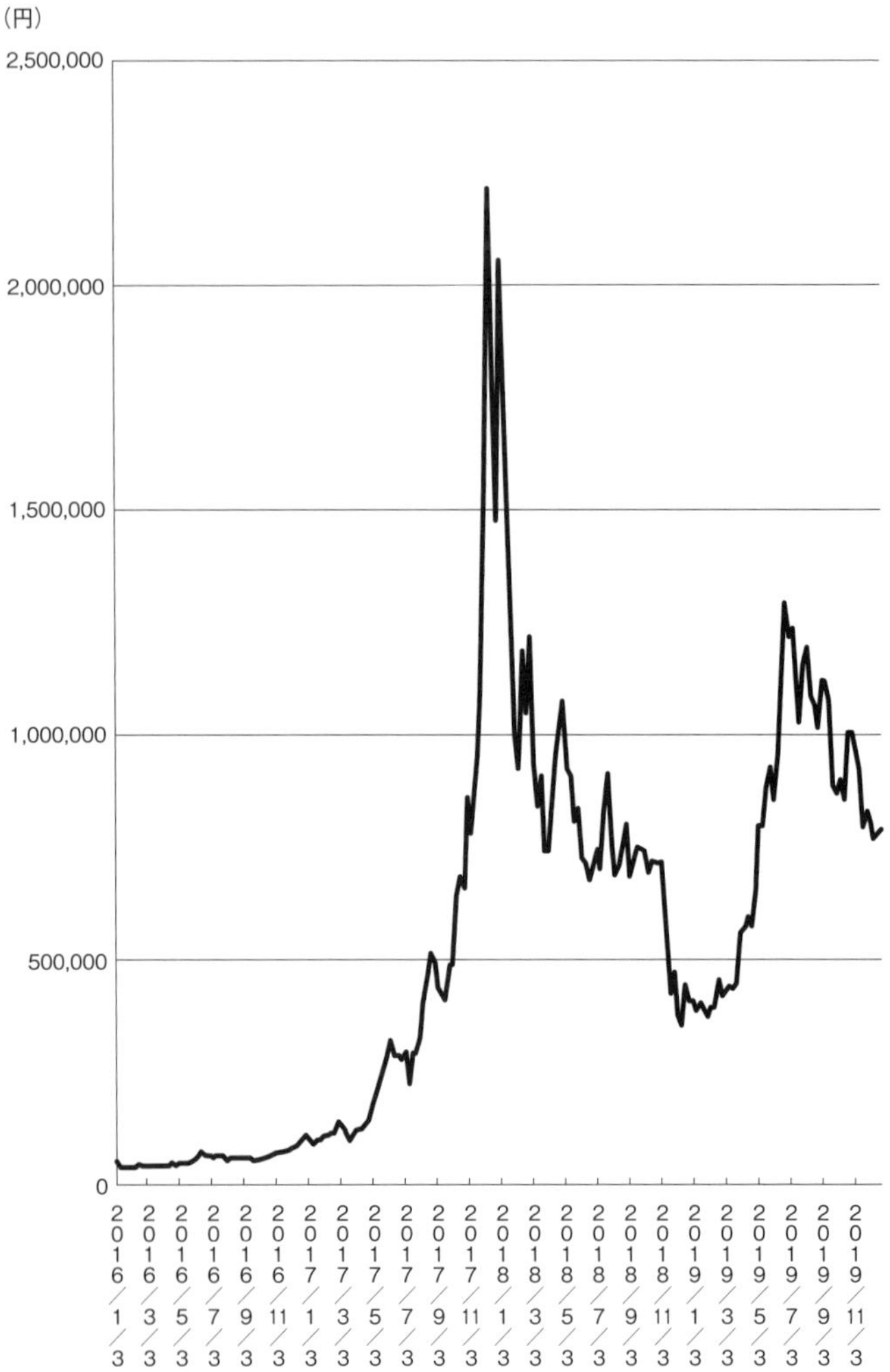

クン）のひとつに過ぎず、ブロックチェーンはビットコインをはじめとする、さまざまな暗号資産（トークン）を取引する際に必要なインフラであると理解していただければ十分です。

そもそも暗号資産とは何なのでしょうか

私たちが普段使用している円や米ドルなどの通貨は、中央銀行（日本で言えば日本銀行）が発行・管理しています。日本銀行が発行している日本銀行券は、日本銀行法という法律によって弁済手段であることが認められた通貨なので、法定通貨とも呼ばれています。（図2）

これに対して暗号資産には、発行者も管理者も存在していません。たとえばビットコインを例にすると、その発行はネットワーク上のプログラムにそって自動的に行われ、発行枚数も上限が設定されています。そして取引所を介して、円などの法定通貨や他の暗号資産に交換できます。

また、「暗号」資産というのは、基本的にデジタルデータを用いてやりとりされる通貨であり、偽造やハッキングを防ぐ目的でデータが暗号化されていることから、暗号資産と

図2　暗号資産と法定通貨の違い

	暗号資産	法定通貨
実物の有無	デジタル通貨であり、ブロックチェーン上でやりとりされるため、法定通貨のような実物は存在しない。	紙幣および硬貨が存在する。
発行者・管理者	通貨によって異なる。なかには発行体や管理者が存在する暗号資産もあるが、ビットコインやイーサリアムは発行体や管理者が存在しない。ちなみにICOによって新たに生み出されるトークンは、基本的に発行者および管理者が存在する。	存在する。日本円は「日銀券」というように、日本銀行が発行権限を有している。また日銀が通貨の流通量を管理する管理者でもある。
発行量・発行頻度	上限を設けているケースが多い。ビットコインの場合、上限は2100万BTCとなっており、あらかじめ組まれたプログラムに沿って発行される。現在のプロトコルに変更がなく、そのままマイニングされていくと、2140年に2100万BTCに達し、そこから先は新規のビットコインはマイニングされなくなる。	発行通貨の総量には上限が設けられていない。ただし、野放図に発行し続けると、通貨価値が下落してインフレを引き起こすリスクが高まる。急激なインフレを引き起こさないようにするため、中央銀行は通貨の供給量を常にチェックし、新たに発行する通貨の量を調整する。
使える地域	基本的にどの国・地域でも使用できる。	基本的にはその通貨を発行している中央銀行が存在している国・地域での使用となるが、米ドルのような基軸通貨は、どの国でもほぼ使うことができる。円は、アジアの一部で使うことはできるが、かなり限定的。
偽札の有無	原則として暗号資産の偽物を作るのは不可能。	多数の偽札が存在する。
利便性	海外送金に必要なコストが安く済むのに加え、短時間のうちに送金を済ませることができる。	海外送金に必要なコストが高く、送金先への着金までに時間を必要とする。
紛失リスク	何らかの形で秘密鍵を紛失してしまうと、ブロックチェーン内にある自分の暗号資産を動かすことができなくなり、永遠にブロックチェーン内に閉じ込められてしまうリスクがある。	紙幣でも硬貨でも、お財布を落としたり、どこかに置き忘れたりすれば、紛失する恐れがある。

称されています。

現在における暗号資産の用途は、大きく3つに分かれます。**①送金手段、②（買い物などの）代金決済、③投資**、です。

第一の送金手段としてですが、銀行を通じて円や米ドルなどを送金するのと同じように、誰かに対して、保有している暗号資産を送金することができます。現在、法定通貨を送金する場合、特に海外に送金するときにはいくつかのデメリットがあるのですが、暗号資産を用いると、そのデメリットがある程度解消されるのです。

まず**送金にかかる時間**です。法定通貨の場合、海外送金したお金が送金先の口座に着金するまでに、基本的には1~3日。場合によってはそれ以上の時間を要します。この点、暗号資産なら即日、場合によっては数分で相手の暗号資産を保管しておくウォレット（財布）に着金します。

次に**送金手数料**です。金融機関で海外送金を行うと、1回につき5000円程度の送金手数料が必要になります（さらに為替レートのスプレッドも必要になります）。インターネット専業銀行だと、2000円程度の送金手数料で済むケースもあるようですが、送金にこれだけの手数料がかかると、少額の海外送金では送金額よりも送金手数料のほうが高くついてしまいます。

でも暗号資産であれば、海外送金に必要な手数料が割安で済みます。たとえばリップル（XRP）では数十円で済むほどの安さです。したがって、たとえば出稼ぎで来日している人や、海外留学している子供に送金したいなどという、頻繁に海外送金する必要がある人にとって、暗号資産は法定通貨に比べて**使い勝手が良い**ということになります。

第二に**買物などの代金決済**です。冒頭でビットコインとピザを交換した話をしましたが、それと同じように、さまざまな買い物の代金決済に暗号資産を用いることができます。もちろんそれに対応しているお店でなければ利用できませんが、徐々に暗号資産による支払決済に対応しているお店が増えてきました。

とはいえ、法定通貨のようにどこでも支払いに使えるというほどではないので、暗号資産を持っているからといって、お財布を持たずにどこへでも出かけられるというほどには普及していないのが現状です。

そして第三の用途が**「投資対象」**とすることです。これも前述しましたが、暗号資産の価格が２０１７年12月末にかけて急騰したことから、投資目的で暗号資産を保有する人が急増しました。２０１８年以降、暗号資産の価格は急落し、その後も低迷していましたが、

２０１９年6月にかけて再び急騰するなど**ボラティリティの高い動き**が続いています。こうした値動きの激しさを狙って売買益を得ようとしている投資家が大勢います。今の暗号資産は、海外送金や買い物など決済通貨としての側面よりも、どちらかというと価値の変動を捉えてリターンを得る投資対象としての色彩が濃くなっているように思います。

暗号資産を手に入れるためには

では、暗号資産はどこで手に入れられるのでしょうか。

法定通貨であれば銀行・信用金庫などで、株式や投資信託や為替証拠金取引なら証券会社等で、というように、投資対象となる財産や手段を手にするためには、その財産・商品を扱っている金融機関に口座を開き、そこで購入や受取等の手続きを踏む必要があります。

暗号資産の場合、手に入れるための主な方法は3つあります。暗号資産取引所で購入するか、暗号資産を持っている人に譲ってもらうか、自分自身でマイニングするか、です。

マイニングには、**「採掘」**という意味があります。ただし暗号資産の場合、金(きん)などの貴金属のように物理的に掘るということではなく、誰かが暗号資産の送金や決済を行う際、その取引が正当なものであることを証明するために膨大な計算を分担して行っています。

その計算でいち早く正解を導き出した人に対して、その報酬として新しい暗号資産が発行されます。[1]この一連の作業をマイニングと呼んでいます。

ただし、マイニングはそれこそ世界中で、物凄い計算スピードを持ったスーパーコンピューターや、おびただしい数のマシンを稼働させて行われているので、一個人がマイニングで多額の暗号資産を入手するのは、**ほぼ不可能**といってもいいでしょう。特にビットコインのようにメジャーな暗号資産のマイニングでは競争相手が非常に多いので、マイニングの難易度は極めて高くなります。

したがって、一個人が比較的簡単に暗号資産を入手する方法としては、暗号資産取引所で購入するのがもっとも簡単です。(図3)

暗号資産取引所を通じて行われる取引は、「販売所取引」と「取引所(交換所)取引」があります。販売所取引は、取引所から暗号資産を直接購入する方法です。つまり暗号資産取引所が在庫として保有している暗号資産の一部を分けてもらうというイメージです。

これに対して取引所取引は、取引所を仲介して、暗号資産を売りたいという人から買います。この場合、自分自身の買いたい価格で買い注文を出すので、思うようなレートで購入することができます。

1　ビットコインの場合。暗号資産によってはマイニングがない場合もあり、異なります。

図3　暗号資産の入手方法

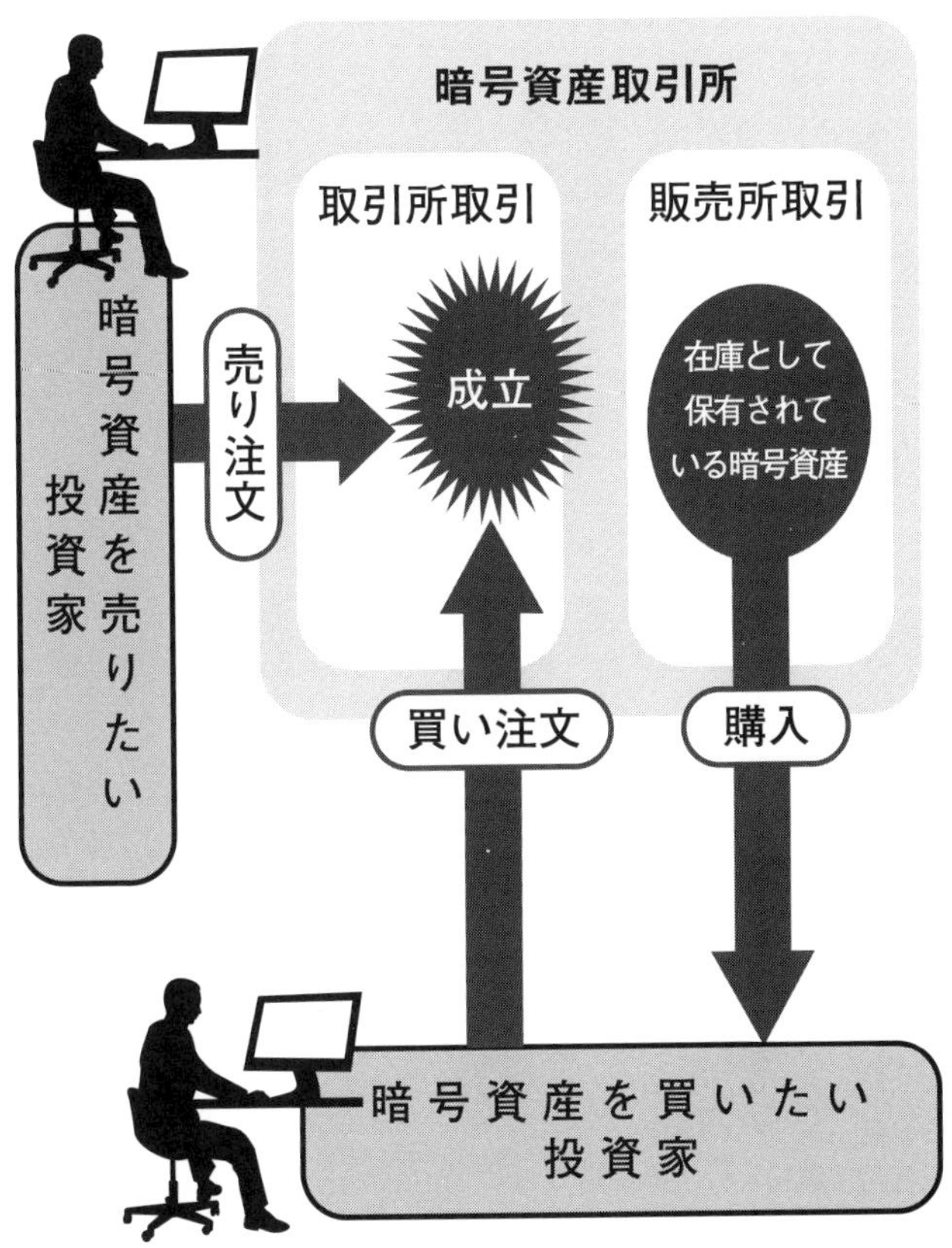

確実に購入できるのは販売所取引です。取引所（交換所）取引の場合、自分が買いたいと思った時に売り手がいるかどうかわかりませんし、自分が買いたいと思う量に見合う売りがあるとは限りません。ビットコインのように、日々の取引高が大きな暗号資産なら、この点は問題ないと思いますが、なかには日々の取引高が少ないものもあります。取引高が少ない暗号資産の場合、取引所（交換所）取引だとなかなか売買が成立しないこともあります。

ただし、販売所取引の場合、確実に買えるメリットがある一方で、販売価格が割高だったり、手数料が割高になることが多いのです。

ちなみに暗号資産取引所は、国内だけでなく海外にもあります。国内の暗号資産取引所は2020年1月現在、金融庁に登録しているところが22取引所になります。

海外の取引所の数は非常に膨大です。正確な統計がありませんが、およそ2万を超える取引所があると言われています。[2]

なお、暗号資産（トークン）のレートは取引所によって異なります。暗号資産取引所は、自社の顧客である投資家同士の相対(あいたい)取引を仲介しているようなもので、その取引所の利用者の属性や所在する国の法規制、法定通貨にも影響を受けると思われます。株式における

2 CoinMarketCap（https://coinmarketcap.com/）による。2019年12月段階で約2万。

証券取引所のように、どこの取引所を使っても同一の株価が適用されるということもありません。

暗号資産の種類は3000種類以上

「暗号資産＝ビットコイン」というイメージが強い暗号資産ですが、実はトークンの数は3000種類にも達すると言われています。

2020年1月現在、国内の暗号資産取引所で売買されている暗号資産（トークン）は、金融庁が認めているものに限られ、約23種類だけとなっています（この認められた暗号資産をホワイトリストと呼んでいます）。具体的にはビットコイン（BTC）、リップル（XRP）、イーサリアム（ETH）、イーサリアムクラシック（ETC）、リスク（LSK）、ファクトム（FCT）、ネム（NEM・XEM）、ライトコイン（LTC）、ビットコインキャッシュ（BCH→BCHSV）、モナコイン（MONA）、キャッシュ（QASH）、ステラ（XLM）、ネクスコイン（NCXC）、カウンターパーティー（XCP）、ザイフ（ZAIF）、ビットクリスタル（BCY）、ストレージコインエックス（SJCX）、ぺぺキャッシュ（PEPECASH）、カイカコイン（CICC）、ゼン（Zen）、コムサ（CMS）、こばん

（RYO）、フィスココイン（FSCC）です。このうち、ビットコイン以外の暗号資産（トークン）のことを「アルトコイン」といいます。

なお、個々の国内の暗号資産取引所が扱っている暗号資産（トークン）の種類は取引所によって異なります。どの取引所で売買するかは、自分が取引したい暗号資産（トークン）の種類によって選ぶことになります。日本の暗号資産取引所の場合、取引できる暗号資産（トークン）の種類が非常に限定されていることからもわかるように、金融庁の監督のもと、暗号資産の流動性、信用力などが考慮されていると思われます。今後も増えていくでしょうが、その数は限定的のままと思われます。

しかし、海外の暗号資産取引所になると、国内の暗号資産取引所とは違って、なかには資産価値がほとんどないような暗号資産（トークン）も売買されています。これを「笑ってしまうほど価値がない」ということから、ネットスラングの「w（草）」に引っかけて、**草コイン**と言うこともあります。草コインは、ほとんど無価値ではあるのですが、時々、何かの拍子に価格が暴騰するケースがあり、一攫千金（いっかくせんきん）を狙った投資家が売買に参加しているようです。この手の草コインは、基本的に日本の暗号資産取引所では扱っておらず、もしその取引をしたいという場合は、海外の暗号資産取引所に口座を開くしか手がありません。実際には、日本居住者（と米国居住者）は、日本（または米国）の監督官庁の規制が厳しいことから敬遠されているようで、口座開設をするのが難しいとされています。

前述したように、暗号資産（トークン）の数は３０００種類にも達します。[3]このうち日本の暗号資産取引所が扱っている暗号資産（トークン）が約23種類であることから考えると、世界中で流通しているトークンの大半は、草コインに近いものであることがおわかりいただけるかと思います。（図４）

なぜ、これだけ草コインの数が多いのかの理由ですが、それは**ＩＣＯ**が活発に行われているからです。

ＩＣＯとはInitial Coin Offeringのことで、新規の暗号資産を発行して行われる資金調達を意味します。企業の資金調達手段にＩＰＯというものがあります。これはInitial Public Offeringの略で株式の新規公開（いわゆる上場）を意味します。ただしＩＣＯとＩＰＯは似て非なるものと考えてください。というのも、ＩＰＯの場合は企業が自社株式の公開（上場）を決断してから実際に上場されるまでに、少なくとも3年くらいの時間をかけ、極めて厳しい審査を経ながら行われて実施されます。かなり準備も進み、本当の上場直前になって、証券取引所や幹事証券会社が、上場に相応（ふさわ）しくないと判断した場合には

3　CoinMarketCap（https://coinmarketcap.com/）による。2019年12月段階で約5,000、取引価格の確認できるもので約3,000。

図4　日本国内の主要暗号資産取引所が扱っているトークン

取引所	取扱通貨
GMOコイン	ビットコイン、イーサリアム、ビットコインキャッシュ、ライトコイン、リップル、ネム、ステラルーメン
コインチェック	ビットコイン、イーサリアム、ビットコインキャッシュ、ライトコイン、リップル、イーサリアムクラシック、リスク、ファクトム、ネム、モナコイン、ステラルーメン
DMMビットコイン	ビットコイン、イーサリアム、ネム、リップル
ビットフライヤー	ビットコイン、イーサリアム、イーサリアムクラシック、ライトコイン、ビットコインキャッシュ、モナコイン、リスク、リップル
ビットバンク	ビットコイン、リップル、ライトコイン、イーサリアム、モナコイン、ビットコインキャッシュ
ディーカレット	ビットコイン、ビットコインキャッシュ、ライトコイン、リップル、イーサリアム
リキッドバイコイン	ビットコイン、イーサリアム、ビットコインキャッシュ、キャッシュ、リップル
SBIVCトレード	ビットコイン、リップル、イーサリアム
ビットポイント	ビットコイン、イーサリアム、ビットコインキャッシュ、ライトコイン、リップル
BTCボックス	ビットコイン、ビットコインキャッシュ、ライトコイン、イーサリアム
フィスコ	ビットコイン、モナコイン、ビットコインキャッシュ、フィスココイン、カイカコイン、ネクスコイン、カウンターパーティー、ザイフ、ビットクリスタル、ストレージコインエックス、ぺぺキャッシュ、ゼン、ネム、イーサリアム、コムサ
楽天ウォレット	ビットコイン、イーサリアム、ビットコインキャッシュ
LVC	ビットコイン、イーサリアム、ビットコインキャッシュ、ライトコイン、リップル

※2019年12月現在

中止されるケースもあるほど厳格です。しかしＩＣＯの場合は、そこまで審査が厳しくなく（というよりも審査そのものがほぼない）、誰でも簡単な**ホワイトペーパー**（目論見書）を作成するだけで、ＩＣＯをすることができます。（図５）

ＩＣＯはさまざまな名目で行われます。具体的には個人や企業が、あるプロジェクトを行うための資金調達をＩＣＯで行う場合、そのプロジェクト名などを冠したトークンが発行されます。そして、ＩＣＯによって新しく誕生したトークンを、ビットコインやイーサリアムなどで購入してもらいます。資金調達した側は、自分たちが新しく発行したトークンと引き換えに得た暗号資産を法定通貨に換金することによって資金を調達し、プロジェクトを行うための必要資金に充てます。そして、そのプロジェクトが成功すれば、新たに発行された暗号資産（トークン）の価値が上昇して、ＩＣＯに参加した投資家の利益も大きくなります。（図６）

このように説明すると、「なんて夢があるのだろう」と思われるかもしれませんが、問題もあります。ＩＣＯがあまりにも手軽に行われているため、詐欺的なトークンもたくさん上場されているのです。ＩＣＯの際にはホワイトペーパー（目論見書）といって、何を目的にしてトークンを上場するのかについて詳しく説明した説明書を発行します。そこに

図5　ホワイトペーパーの一例

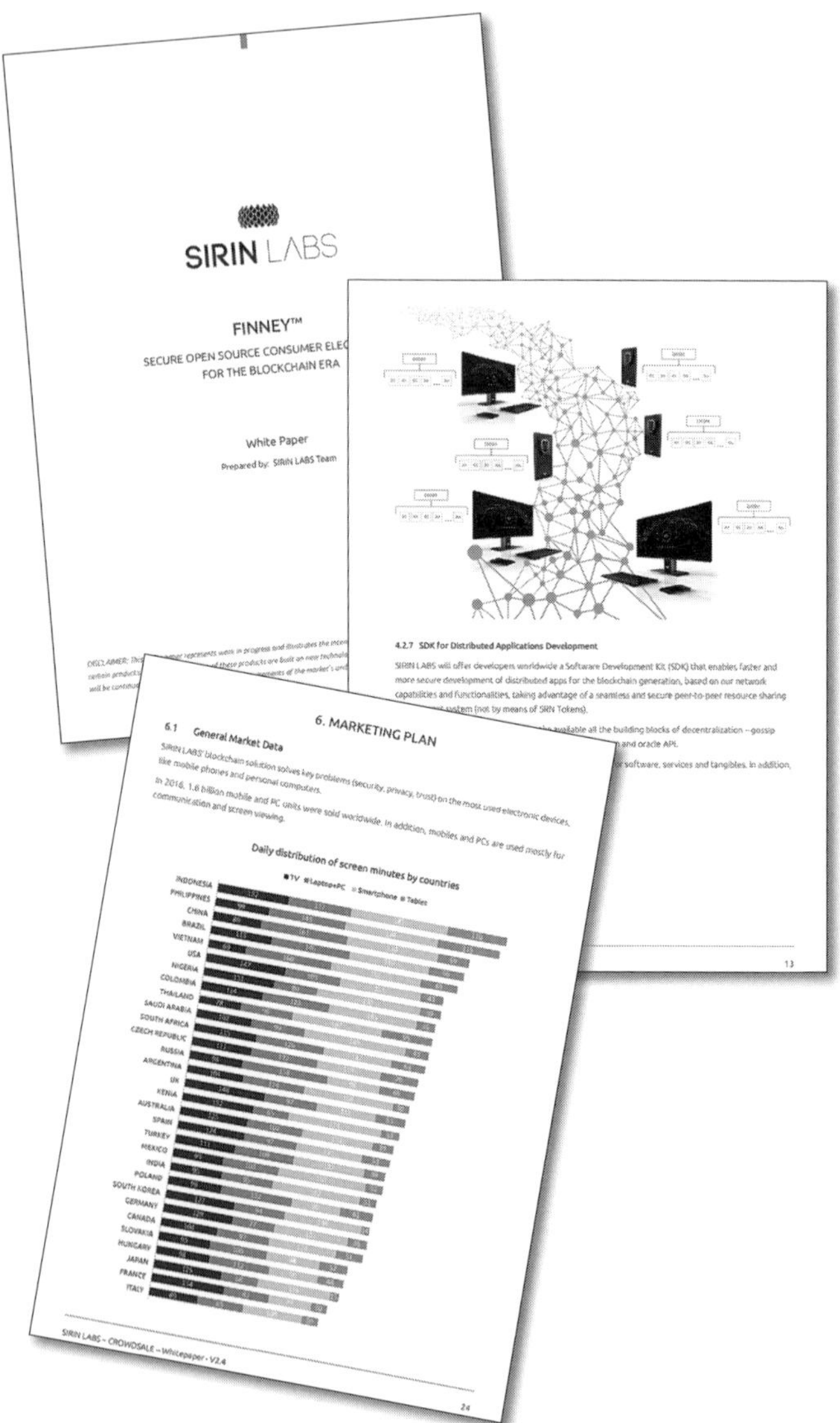

書かれている内容を第三者が保証しているわけではないので、適当な文言を書いてＩＣＯすることもできてしまうのです。結果、詐欺的なＩＣＯが横行しました。

当然、詐欺的なＩＣＯで新規発行されたトークンは、その後、まったく取引されることもなく、価値がつかずにただ上場されているだけという状態になります。草コインには、この手の詐欺的ＩＣＯによるトークンもたくさんあるので、前述したように３０００種類ものトークンがあるとはいっても、その大半は投資するに値しないものといっても良いでしょう。

ブロックチェーンの基礎知識

暗号資産は改ざん、偽造ができない安全性を持つと言われており、その安全性を担保しているのが、ブロックチェーン技術です。

ブロックチェーンとは、**「分散型台帳技術」**もしくは「分散型ネットワーク」と意訳されており、「ブロック」と呼ばれるデータの単位を一定時間ごとに生成し、鎖（チェーン）のように連結していくことによってデータを保管するデータベースのことです。[4]つまりネットワーク上にいる利用者たちがお互いに取引データを分散して管理し合う仕組みになっ

4　山崎重一郎 ブロックチェイン技術の仕組みと可能性（2016年・インターネット白書2016）による。

図6　ICOの仕組み

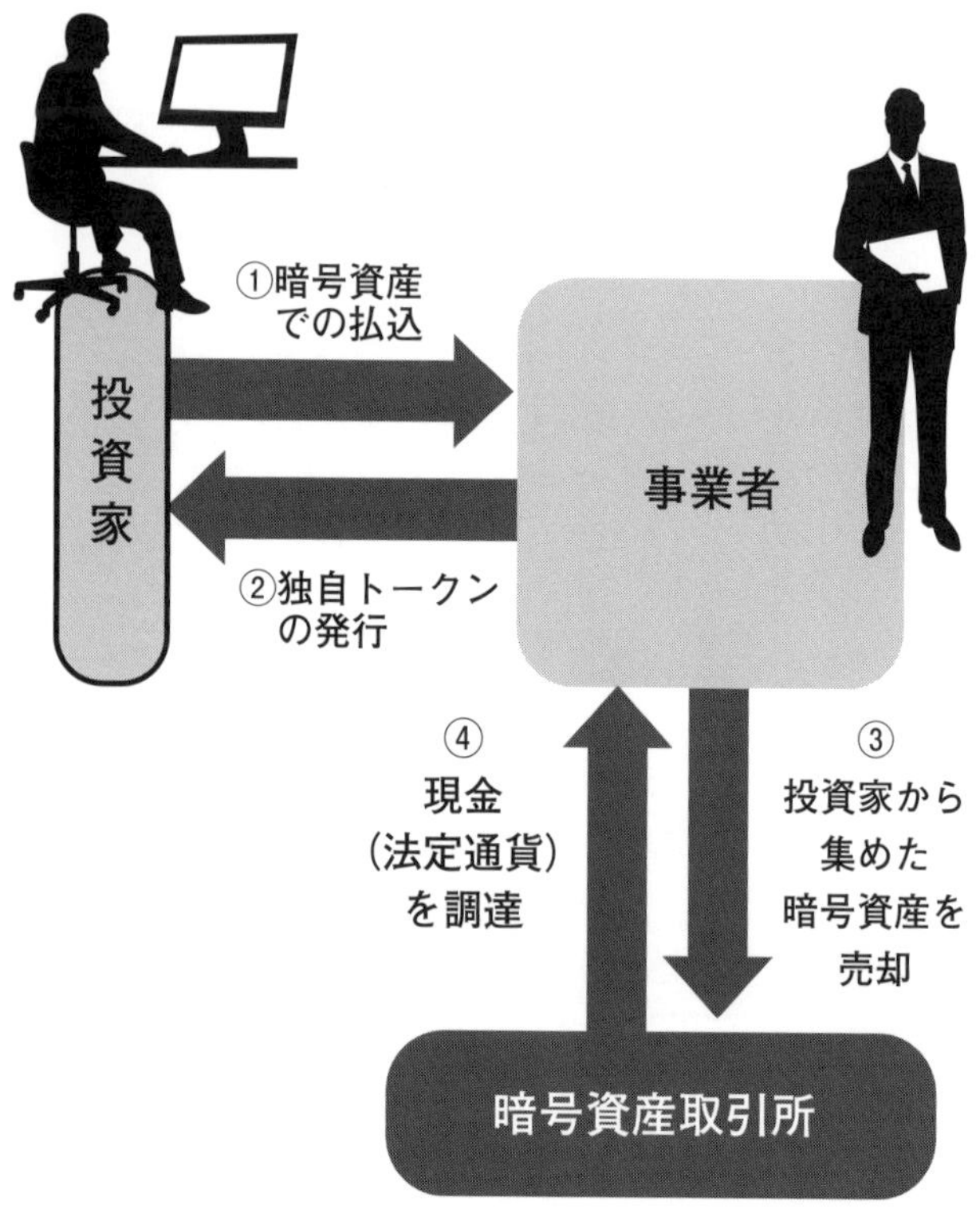

①暗号資産
での払込
投
資
家
事業者
②独自トークン
の発行
④
現金
(法定通貨)
を調達
③
投資家から
集めた
暗号資産を
売却
暗号資産取引所

ています。時間の経過とともに新しいブロックが生成され、そこに取引が書き込まれ、時系列にチェーンのようにつながっていきます。そして万が一、ブロックに記録されているデータの一部が改ざんされたとしても、分散して管理されている他のデータとの整合性が取れなければ不正が明らかになるため、現実的にはデータの改ざんは不可能と言われています。（図7）

このブロックに書き込まれるデータの整合性をチェックするのが、暗号資産の場合、マイニングと呼ばれる作業になります。マイニングを行っている人をマイナーと呼び、他のマイナーよりも早く関数の正解を導き出したマイナーに、その報酬として暗号資産が配布されます。

ブロックチェーンが暗号資産とイコールであるかのように説明されるのは、記録されるデータの価値と安全性を担保するうえで、**「お金」**がもっとも高い信頼性を持つからです。

お金（紙幣）は、物理的には単なる紙切れに過ぎません。でも、大勢の人がその紙切れに対して、たとえば1万円、あるいは５０００円という価値を認め、モノやサービスの購入対価に使っています。

ブロックチェーンは、大勢の人たちがある取引に対して、その正当性をお互いに認め合

図7　ブロックチェーンの仕組み

第三者機関が取引履歴を管理し、信頼性を担保

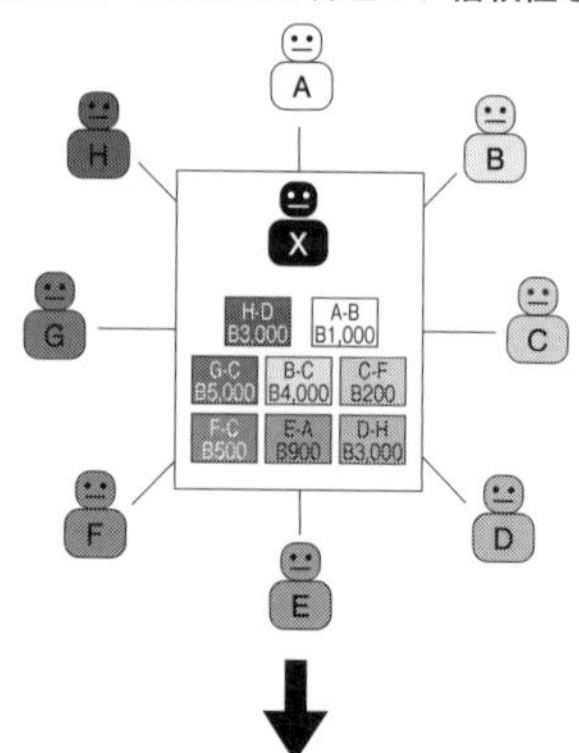

すべての取引履歴を皆で共有し、信頼性を担保

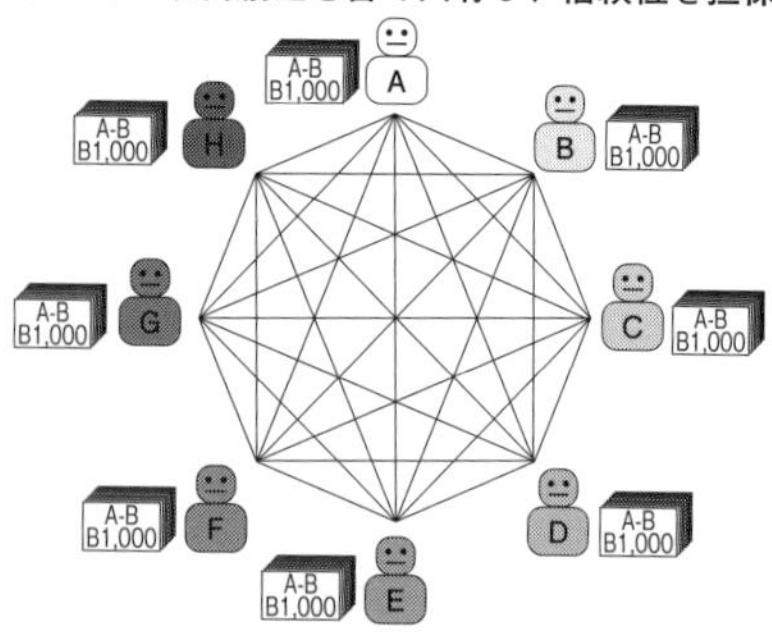

ブロックチェーン

各取引履歴は、順番にブロックに格納。
各ブロックが、直前のブロックとつながっているため改ざんが極めて困難。

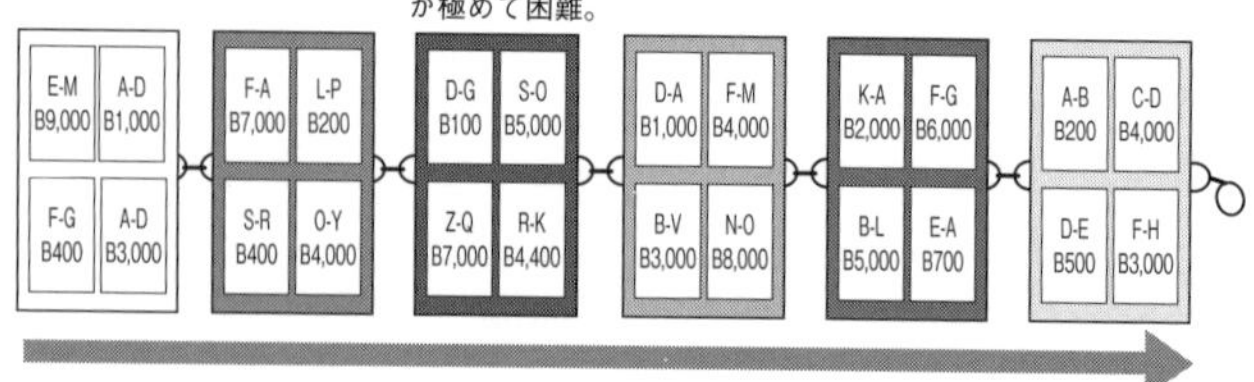

経済産業省「ブロックチェーン技術を利用したサービスに関する国内外動向調査」より

うという点で、ある種のデータに、お金や財産の価値としての役割を持たせることができる仕組みといっても良いでしょう。そして、お金が次々と新しい取引に用いられているのと同じように、ブロックチェーンも一定時間ごとに新しいブロックを生成し、そこに新しい取引内容が書き込まれ、書き込まれた価値を、マイナーと呼ばれる人たち同士で承認しあうのです。

この仕組みは、暗号資産以外にも用いることができます。たとえば各種契約の正当性を証明するなどというのは、ブロックチェーンの得意とするところです。また過去に遡ってブロックに書き込まれた情報を追跡できるので、食品のトレーサビリティにも用いることができます。かつては中古自動車を売買するのに、走行距離の改ざんが大きな問題になっていました。それもブロックチェーンの技術を応用すれば、容易に改ざんできなくなり、取引の信用力を高めることにつながると言われています。（図８）

暗号資産は普及するか

暗号資産に対する認知度は徐々に上がっていると思いますが、現状、「通貨」として本格的に使われるようになるかというと、まだまだ不十分な状況です。そのもっとも大きな

図8　ブロックチェーンが起こす社会変革の可能性

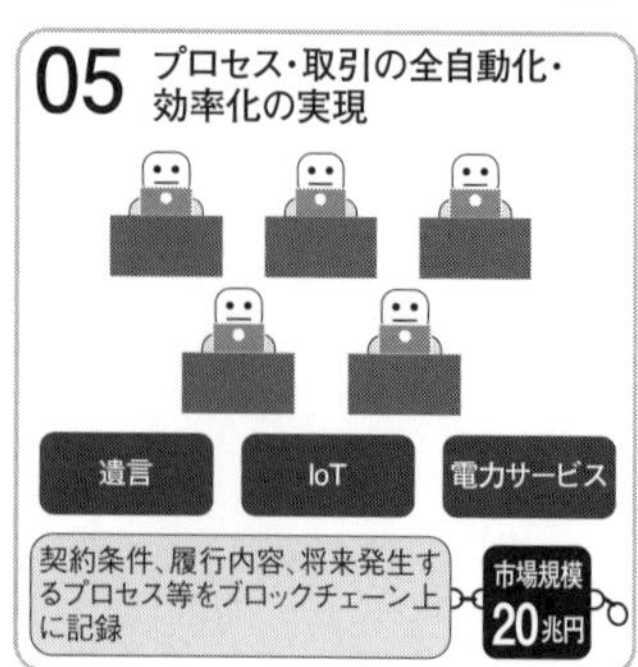

経済産業省「ブロックチェーン技術を利用したサービスに関する国内外動向調査」より

理由が、**価値・価格が不安定**であることです。

それは、過去のビットコインの価格推移を見れば一目瞭然(いちもくりょうぜん)です。前述したように、ビットコインの価格は急騰、急落を繰り返してきました。それも短時間のうちに価格が大きく上下に動きますから、これを買い物に使おうとすると、不都合が生じてきます。

たとえば商品の代わりにお金を受け取る側からすれば、ある日、１個60万円の商品を１ＢＴＣで販売した翌日、１ＢＴＣの価格が50万円に値下がりしていたら、あっというまに10万円もの損害が生じてしまいます。また商品やサービスを購入する側からすれば、ある時、50万円で購入できたはずのものが、翌日には60万円、あるいは70万円を出さないと買えないという事態にもなりかねません。

もちろん、価格変動にともなって、リアルタイムに暗号資産建ての価格が変動すれば問題ありません。それでも商品やサービスを販売する側は、暗号資産の価格が変わらないうちに反対売買を行って、利益を確定させる必要があります。それを時々刻々と変わる暗号資産の価格に合わせて行うのは、物理的にも非常に困難と言わざるを得ません。

したがって、現時点でも確かに暗号資産を支払通貨として買い物などができる環境にはなりつつありますが、実際に暗号資産を使って買い物を日常的にしている人は、皆無に等しいと思われます。

ただ、フェイスブックが構想した暗号資産**「リブラ」**や、中国がそれに対抗すべくデジタル人民元を登場させようとしていると言われています。

リブラは現状、世界中に約23億人が利用していると言われているフェイスブックが母体のひとつになっています。[5] つまりリブラは潜在的な利用者を多数抱えていることになり、マーケティングの面からも広がりやすいというメリットがあります。

次に、リブラは**ステーブルコイン**[6]といって、法定通貨に関連付けられることによって、換算レートを安定させる仕組みを採用する予定になっています。特にリブラについては、複数の法定通貨を準備することにより、その価値を裏付け、維持する仕組みを採用すると言われています。たとえばリブラを1万ドル分発行したら、1万ドル相当のドル資産をリザーブすることによって、リブラの価値が維持されるという手法です。結果、ビットコインのような従前の暗号資産のように、短時間でその価値が急騰、急落するリスクを防げます。

この点から、リブラは決済通貨として用いられることが期待されています。そうなれば、投資対象としての魅力は大きく後退しますが、決済手段としての魅力が高まるため、誰もが手軽に安心して海外送金や決済ができる環境を持てるようになるでしょう。（図9）

5 フェイスブック社が中心ではありますが、さまざまな金融機関の他、UberやSpotify等の多様な企業がコンソーシアムに参加しています。

ただ、こうしたリブラの可能性を懸念する勢力もいます。既存の暗号資産を支持している人たちからすれば、そもそも暗号資産のメリットを、特定の団体が集中して管理しない分散型である点に見出しています。その点からすればリブラはフェイスブックをはじめとする特定の大企業によって管理される仕組みであることから、暗号資産ではないという声も上がっています。

また中央銀行からすれば、フェイスブックのような一民間企業を中心として、決済手段になりうる暗号資産を発行することに対する懸念を強めています。

中央銀行は、自らが発行している通貨の流通量をコントロールすることによって景気を調整しています。ところが中央銀行の与り知らぬところで一民間企業がどんどん暗号資産を発行すれば、中央銀行の伝家の宝刀である景気のコントロールができなくなる恐れが生じます。そのため、リブラが実用に至るかどうかについては現状、まだ何とも言えません。

フェイスブックがリブラの構想を発表したことに対して、それまで暗号資産に対して反対の意向を見せていた中国が、**デジタル人民元**の開発に力を入れ始めたとの報道がありました。当初、中国としては暗号資産の普及によって、自国からの資本逃避が活発になることへの懸念から、暗号資産の普及を阻止する方向に動いていたのです。しかし人民元をデ

6　現在もステーブルコインは存在しており、例えばテザー（USDT）は発行した額と同額の米ドルを準備（リザーブ）することで、米ドルと連動（ペッグ）したレートを実現しています。

図9　ステーブルコインの種類

種類		特徴
担保資産あり	法定通貨担保型	米ドルやユーロ、円、人民元などの法定通貨や金などを担保資産として、ステーブルコイン1に対して担保資産1の割合で裏付けられたもの。Tether（テザー）がこのタイプの代表例で、Tetherと等価値の米ドルを銀行口座に預託することによって、Tetherの価値を担保している。シンプルなメカニズムを持ち、価格も安定するというメリットがある反面、コインの発行元が担保となる資産をきちっと管理しているかどうかが求められるのと同時に、担保資産の無事を確認するために監査人を設置する必要性がある。フェイスブックが推進している「リブラ」もこのタイプ。
	暗号資産担保型	暗号資産を担保にして資産価値の安定化を図るステーブルコイン。イーサリアムを担保にして発行されているDAIトークンが代表的。ただ、暗号資産のボラティリティが高いため、発行したステーブルコインの価値安定を維持するのが難しい。現状では、担保にしている暗号資産の価格が急落するリスクに備えて、実際に発行しているステーブルコインよりも多めに暗号資産を担保として預託している。すべてのやりとりがブロックチェーン上に記録されているため、監査人を設置する必要がないが、暗号資産の価格急落における値動きが不透明。
担保資産なし	シニョレッジ・シェア型	シニョレッジとは「通貨発行益」のこと。米ドルや円などの法定通貨を作り、それを大勢の人が使うことによって生まれる価値を利益として得るというのが本来の意味。シニョレッジ・シェア型のステーブルコインは、価値を安定させるための裏付けとなる担保は持たないものの、通貨の供給量をアルゴリズムでコントロールすることによって、発行通貨の価値を安定させる方法を採用している。ただ、この方法によるステーブルコインの代表だったBASISは解散となり、現時点においては担保資産なしのステーブルコインは存在していない。

ジタル化し、ブロックチェーンに取引履歴を記録するようにすれば、中国の中央政府がお金の流れを管理できるようになるというメリットに目を付け、デジタル人民元の開発に力を入れ始めたようです。デジタル人民元もリブラと同じように、その価値は人民元に連動するステーブル型ではないかと言われています。

リブラが実現するかどうかは何とも言えませんが、暗号資産がステーブルコインとして登場すれば、決済に使われる暗号資産が広く普及する可能性は高まってくるでしょう。ただ、現状のデジタル人民元は、単に紙の人民元をデジタル化しただけに過ぎず、発行・管理は極めて**中央集権的**になると思われます。その点において、ビットコインのような分散型とは根本的に異なるものであり、これを暗号資産と呼ぶべきかどうかは議論のあるところです。

仮にステーブルコインとしての暗号資産が増えて普及していけば、暗号資産は投資用と決済用とに二分化されていく可能性もあります。リブラやデジタル人民元のようなステーブルコインはあくまでも決済用、ビットコインをはじめとする既存の暗号資産は投資用というようにです。そして投資用の暗号資産が存在する以上、リターンに対する課税は免れませんから、暗号資産の税金についての知識を理解しておく必要があります。

コラム①
「言葉のイメージに騙されるな」

皆さんは、暗号資産取引所に対して、どのようなイメージを持っていますか。

おそらく、「東京証券取引所みたいに大きな建物に入っている」とか、「公的なものなので信頼できる。絶対に潰れない」、「非常に厳しいルールを設けたうえで運営されている」といったところではないでしょうか。

確かに、証券取引所ならばそうだと思います。東京日本橋の兜町(かぶとちょう)には、東京証券取引所という非常に大きな建物があって、その中では常に不正なインサイダー取引などが行われていないかどうかを、大勢の取引所スタッフがチェックしています。

東京証券取引所を含む「日本取引所グループ」は株式会社であると同時に、その株式を上場しています。その意味では私企業なのですが、仕事の性質上、公的な役割を担っていることもあり、高い信頼性を保っています。倒産するリスクもかなり低いと考えていいでしょう。

もし、証券取引所が倒産するようなことになったとしたら、それは日本の資本主義が崩壊する時ではないでしょうか。そのくらい証券取引所が担っている社会的な責任は重いのです。

一方、暗号資産の取引所はどうなのでしょうか。

日本にも複数の暗号資産取引所はありますが、正直なところ、これを「取引所」といってもいいのかと疑問に思うことがあります。取引所というよりも両替商、交換所、というイメージのほうが強いのです。実際、最近は暗号資産の交換所と表記されるケースもあります。

一応、暗号資産の取引所を開業するためには、金融庁からお墨付きを得る必要がありますが、この手のお墨付きは証券会社も銀行も、あるいは運用会社も、なんらかの許認可を得てビジネスをしているので、そのお墨付きが公的な存在を証明するものにはなり得ません。

つまり、暗号資産取引所は一民間企業なのです。そうである以上、当然のことながら倒産するリスクもあります。

いささか以前の話になりますが、マウントゴックスやコインチェックなどの暗号資産取引所から顧客資産が消失した事件がありました。また2018年末には、韓国の暗号資産取引所であるYoubitがハッカー攻撃を受けて資産が消失した結果、取引ができなくなっただけでなく、取引所が倒産してしまいました。

もし証券取引所で、電子化された株券が外部からのハッキングによって流出するなどという事件が起こったら、株価が大暴落するだけでなく、経済そのものにも大きなダメージが及ぶでしょう。ということで証券取引所は莫大な投資を行うことで、セキュリティーシステムを強固なものにしています。それが本来の取引所なのですが、暗号資産取引所の場合、外部からのハッキングによって資産が流出する事件が頻発していることから考えると、セキュリティーに対して課題があるのではないかと思います。

また、暗号資産取引所の安全性に関しては、「カバー取引」の問題についても言及しておく必要がありそうです。

たとえば、投資家が手持ちの円を売ってビットコインを買い付けに来たとしましょう。この注文を受けた取引所は、ビットコイン売り・円買いのポジションを持つことになります。このままビットコインの価格が高騰すると、暗号資産取引所はビットコインの売りポジションを持っていますから、利益を得た投資家とは逆に損失を被ることになります。そのリスクを避けるため、暗号資産取引所はビットコインの売りポジションを相殺するため、海外の暗号資産取引所との間で、ビットコイン買い・円売りの取引を行います。

これがカバー取引ですが、ひとつ大きな問題があります。それは海外の暗号資産取引所において、対円の通貨ペアが存在していないことです。そのため、ビットコイン売り・円買いのポジションを持っている暗号資産取引所が、海外の取引所との間でビットコイン買い・円売りの取引を行いたくても、それができないという状況に直面してしまうのです。カバーできないということは、ビットコインの価格が上昇した時に生じる損失を、暗号資産取引所が負うことになります。

この損失が嵩(かさ)んでいくと、暗号資産取引所の収益が悪化することになります。かつてＦＸ会社も、このカバー取引を行わない業者がたくさんありました。そのなかには、為替レートが乱高下した時に大きく損失が膨らみ、破綻を余儀なくされたところもありました。

暗号資産取引所が破綻した場合、取引所に預けてある資産の返還でもめる恐れがあります。取引所が投資家の資産に手を付けないよう、分別管理を金融庁は義務づけていますが、投資家の資産が何らかの形で流用された状況で破綻すると、投資家が取引所に預けておいた資産が全額戻ってこないリスクが生じてきます。

そういうリスクに直面しないようにするためにも、セキュリティー体制はしっかりしているのか、信頼できそうかといった点を確認したうえで、暗号資産取引所を選ぶように心がけましょう。

第2章

暗号資産損益計算の基本

これって利益なの？

前述したように、暗号資産への投資でもっとも怖いのは、第一に**価格のブレの大きさ**です。これは実際に暗号資産を保有した経験をお持ちの方は、大半が理解していると思います。なにしろ230万円台だったビットコインの価格が30万円台まで下落するくらいですから、値動きの荒さは株式や為替の証拠金取引（FX）などとは比べ物になりません。大儲けできるチャンスがある一方、大損するリスクもつきものです。投資家としては神経質にならざるを得ないでしょう。

ただ、それと同じくらい神経質にならなければいけないのが**税金**です。堅苦しいようですが、税金を納めるのは国民の義務です。皆さんは税金を納めているからこそ、警察や防衛をはじめとして、さまざまな公的サービスを受けられているのです。もし誰も税金を納めなければ、治安や国防を維持することができず、日本国内には犯罪者が溢れ、隣国から蹂躙される恐れさえ出てきます。そうならないようにするためにも、税金を納めるのは私たち国民にとっての義務なのです。

したがって、意図的であろうと、うっかりミスであろうと、税金を納めなければそれなりに重いペナルティが科せられます。ですから、一時的に税金をごまかしてトクをした気になったとしても、後々それが発覚すれば、延滞税や加算税といったペナルティによって、取引で得た利益以上の税金を持っていかれることもあります。繰り返しになりますが、結局のところ一番トクをするのは、投資によって得た利益をきちんと計算したうえで、利益の額に応じた税金を申告し、納めることなのです。

ところが暗号資産の場合、利益が生じているにもかかわらず、そこにどんな税金がかかるかよくわかっていない方が大勢いらっしゃるようです。そもそも、利益が出ているかもよくわかっていない方も多いと思います。株式でも投資信託でも、あるいはＦＸでも、売買によって利益が得られたら、その利益に対して課税されるのは当然なのです。それなのに、なぜか暗号資産の場合、売買して利益を得ているという認識が、他の投資取引に比べて**希薄**なのです。

理由はいろいろ考えられます。暗号資産の売買によって得られた利益（所得）は原則として雑所得に分類され、確定申告により自分で税金を計算し申告・納税しなければなりません。この点が、大半の方が年末調整で済んでしまう日本人には馴染みにくいのかもしれません。現状、年末調整をしているサラリーマンや、他に所得のない方は、株式や投資信託については源泉徴収口座を選択することによって、いちいち確定申告をしなくても、売買益や配当金、分配金から税金分が差し引かれて納税手続きが終わります。しかし、暗号資産で利益（所得）がある場合は、自ら税務署に行って確定申告をする必要があります。

普段、株式や投資信託への投資をしている方は、「投資で得た利益は源泉徴収されているから確定申告は要らない」と誤解している人も結構いらっしゃるでしょう。しかし、暗号資産の売買益には源泉徴収がなされていません。そのような誤解をしたままだと、当然のことですが申告漏れになってしまいます。

また、何をもって売買益とみなされるのかという点を把握していらっしゃらない投資家も大勢います。暗号資産の場合、「え？　これも売買益に該当するの？」というようなケースがいくつもあります。詳しくは後述しますが、この点をしっかり把握しておかないと、後になって税務署から申告漏れを指摘されることになります。

申告漏れを指摘された場合、後日、延滞税などのペナルティも含めて納税すれば済みます。ただ、問題は、納税するための現金がないケースも想定されることです。なかには暗号資産の値上がりで得た利益を、ちょっとした贅沢(ぜいたく)に使ってしまったという人もいることでしょう。それも納税することを知らずに全額使ってしまったら、後から申告漏れを指摘された時、納税するための現金が手元にないという状況に直面することも考えられます。

そうならないようにするためにも、どのような状況で暗号資産の売買益が生じるのかを把握しておく必要があるのです。そして、きちんと申告・納税を済ませておく必要があるのです。

売買によって生じた利益の税金はこう考える

もっとも単純なのは、同一の暗号資産を売買して利益を得たというケースです。これについては詳しく説明するまでもないでしょう。

たとえば5月30日に1BTC＝2万円でビットコインを購入したとしましょう。その価格が同年12月20日に60万円まで値上がりしたため売却しました。この場合、ビットコインの取得原価は2万円ですから、

60万円－2万円＝58万円

以上が売買益になります。つまり58万円に対して税額を計算し、確定申告をします。（図10）

図10　暗号資産の売買（現物）

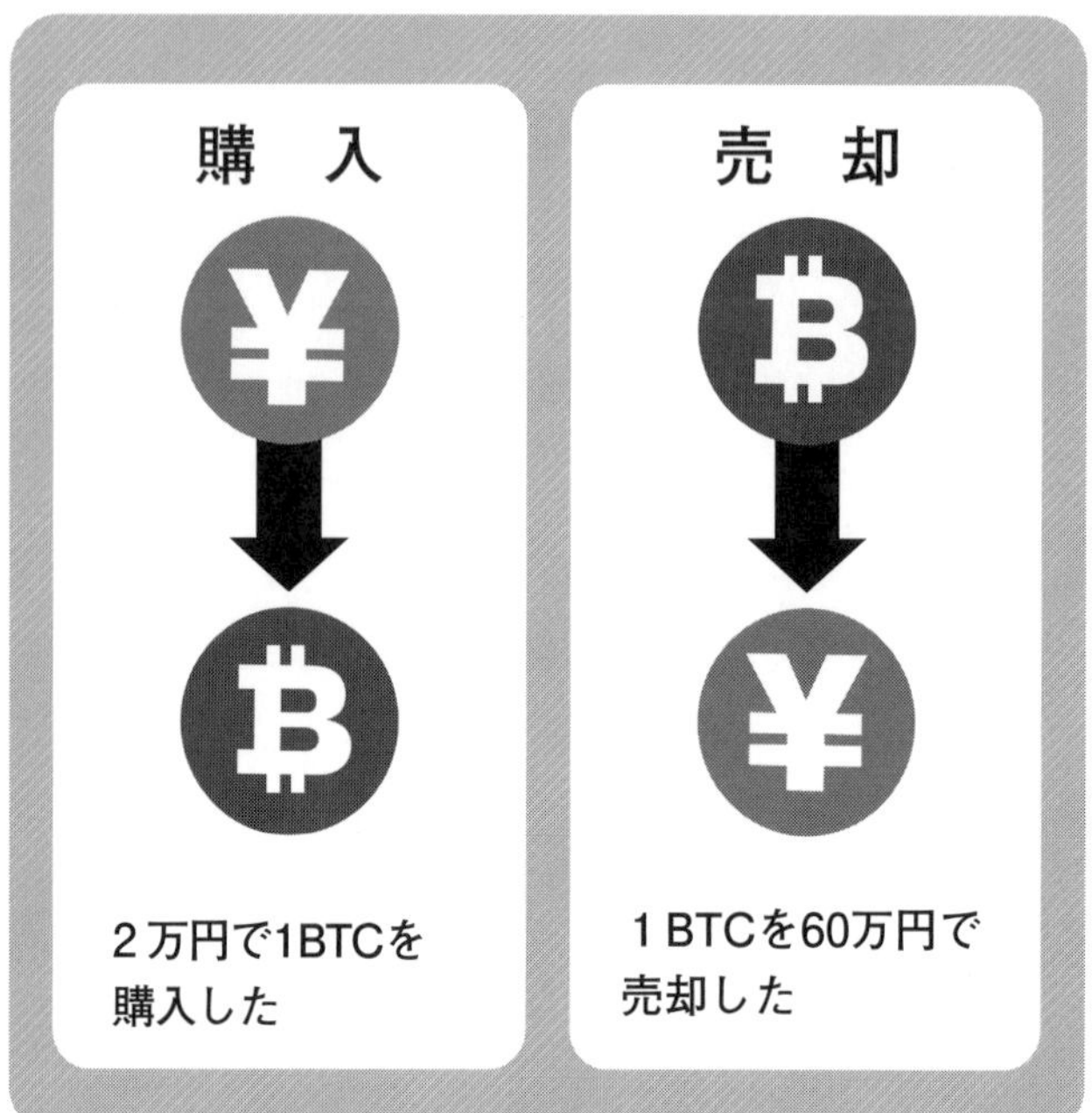

BTCの取得原価は@2万円。
売却時に（60万円－2万円）＝
58万円の利益が確定する。

確かに、このように説明すると簡単なことなのですが、暗号資産の売買を行っている人は1年間で1回しか売買しないなどというケースは、ほとんどあり得ないことだと思います。大勢の投資家は同じ暗号資産であったとしても、1年のうちに複数回は売買するでしょう。暗号資産は1単位以下の細かい単位でも売買できるので、たとえば1ＢＴＣで購入したビットコインを0・1ＢＴＣとか0・05ＢＴＣというように分割し、複数回に分けて売却することもできます。その場合、1回の取引ごとに売買単位と売却時の価格を細かく計算する必要があるので、非常に手間がかかります。

また、同じ暗号資産を購入する際、一度にまとまった金額で買うのではなく、複数回に分けて小口で購入するケースもあるでしょう。たとえば①1ＢＴＣ＝30万円の時に0・2ＢＴＣを買い付け、②1ＢＴＣ＝35万円の時に1ＢＴＣを買い付け、さらに③1ＢＴＣ＝50万円の時に0・8ＢＴＣを買い付けるというようなケースです。取得原価の計算方法は、個人の場合は原則として総平均法によって取得原価を計算することになっています。[1]

総平均法の計算は、投資した総金額を、購入した暗号資産の数量で割って求めます。前出の事例の場合、投資した総額は、

①　30万円×0・2ＢＴＣ＝6万円

1　移動平均法という計算方法を選択することもできます。その場合は確定申告時に税務署長あてに届出が必要です。

② 35万円×1BTC＝35万円

③ 50万円×0・8BTC＝40万円

ということで合計は81万円。これに対して購入したビットコインの量は2BTCですから、1BTCあたりの平均購入単価は40万5000円になります。その後、ビットコインの価格が1BTC＝80万円まで値上がりし、1BTCを売却したとすると、1BTCの売却額は80万円になりますから、そこから1BTCの平均購入金額である40万5000円（下図参照）を差し引いた39万5000円が、前記の取引における売買益になります。

	レート	購入数	購入額
①	30万円	0.2BTC	6万円
②	35万円	1.0BTC	35万円
③	50万円	0.8BTC	40万円
	合計	2.0BTC	81万円

平均単価　81万円÷2.0BTC
＝40万5000円

ちなみによくあるご質問として、「暗号資産を購入したら確定申告が必要なのか？」と訊かれることがあります。確定申告は所得がなければする必要がありませんので、買っただけでは不要であり、売却をして儲かっていたら必要、という点をご理解ください。

また、購入した暗号資産の取得原価は翌年以降も引き継いで同じように計算をすることになります。

暗号資産で買い物をした時の税金はこう考える

暗号資産で買い物をした場合に利益が確定するという点にも注意したほうが良いでしょう。

暗号資産は「お金」のように遣うことができるので、モノやサービスを購入することができます。たとえば一部の家電量販店（ビックカメラやコジマなど）では、扱っている商品のビットコイン決済が認められています。

仮に１ＢＴＣ＝２万円でビットコインを購入した後、30万円のテレビを１ＢＴＣで購入したとしましょう。実はこのケース、テレビを購入した時点で、もともと購入したビットコインをいったん売却し、利益を確定させたと同じ効果があります。（図11）

物品を「購入」した時点では、１ＢＴＣで１ＢＴＣの価値を持ったテレビを購入したわけですから、いわゆる「等価交換」だからトクしたわけではない、とお考えの方もいらっしゃると思います。しかし、実際にはテレビを購入した時点で、元の物品であるビットコインを売却し、それによって得たお金で購入したと考えます。

したがって、テレビを購入した時点で、取得原価が２万円だったビットコインの価格が

図11　暗号資産で物品等を購入

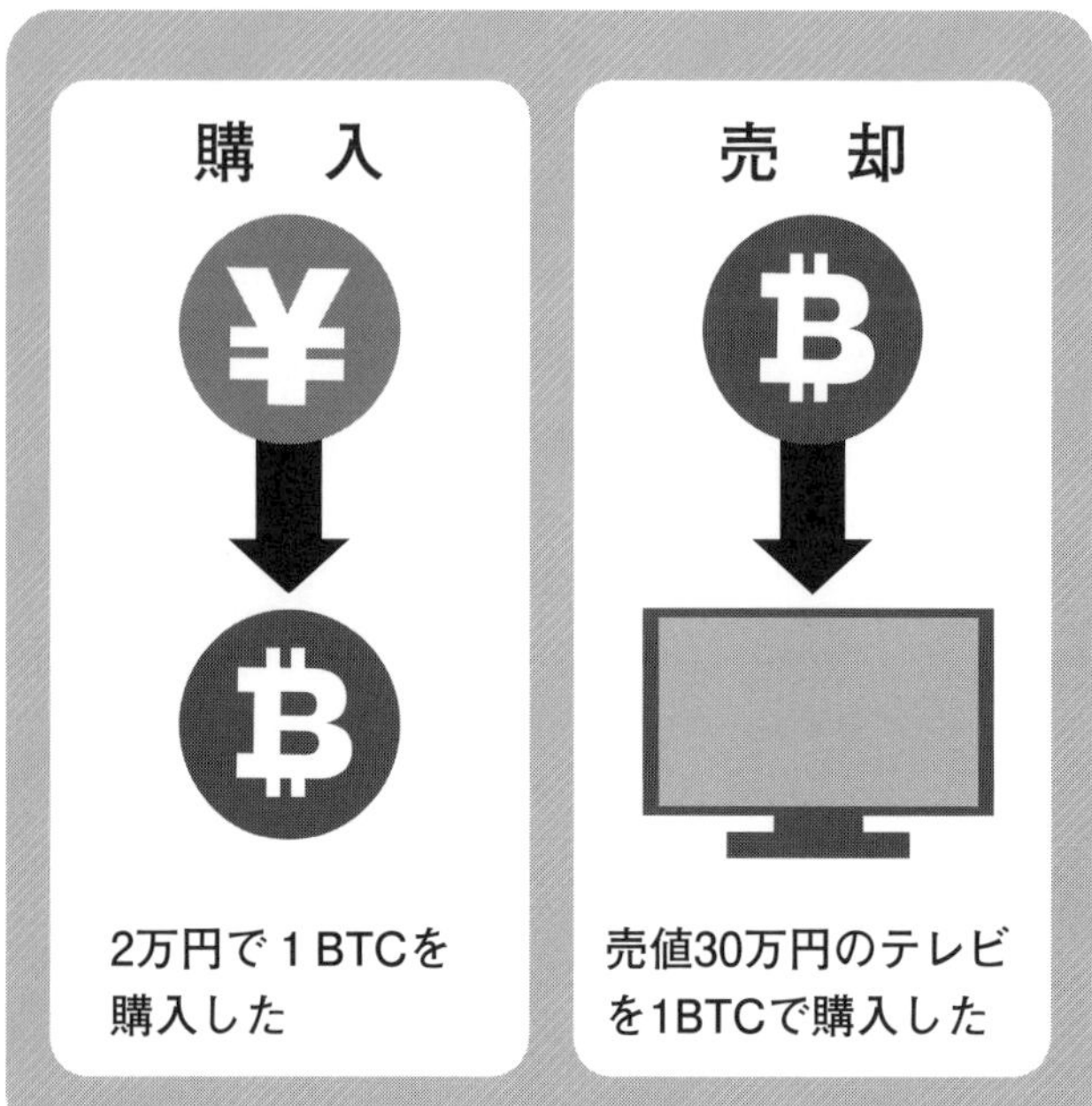

BTCの取得原価は@2万円。
物品購入時に(30万円－2万円)＝28万円の
利益が確定する。

★物品購入時点では、等価交換ですが、物品購入（交換）時点で元の物品を売却し、そのお金で新たな物品を購入したとみなして取引を捉えるためです。

30万円で売却したとみなされ、この取引が行われた時点で、28万円の売却益が確定したことになります。

暗号資産を売買するだけであれば、売買によって利益が得られたことを認識しやすいのですが、保有していた暗号資産を他の商品やサービスの代金として支払った場合、その時点の暗号資産の価格次第で利益が確定されたとしても、なかなか認識も計算もしにくいと思います。それでも、他の商品やサービスを購入した時点で暗号資産の価格が取得原価を上回っていれば、その差額は所得となり**税金の対象**になります。理解も認識もしにくいだけに計算漏れになるケースも多いので、実際に暗号資産で商品やサービスを購入した経験をお持ちの方は、収支計算を忘れないようにしましょう。

ちなみに、暗号資産を用いた決済については、どこのお店でもできるほどではありませんが、日本国内でも家電量販店や飲食店、美容室の一部でビットコイン決済を認めているところがあります。

また海外に行くと、たとえばアメリカではスターバックスコーヒーやマクドナルドで、暗号資産による決済が可能なケースもあります。

なお、暗号資産でモノやサービスを購入した場合に注意しなければならないのは、前述したように、決済した時点の価格次第で値上がり益を得たことになるのに加え、実際にいくらの価格で決済したのかをしっかり把握しておく必要があることです。取引履歴には、暗号資産を利用した店舗のウォレットアドレスに送金したという事実は記録されます。ところが、その送金が何のためのものか、かつレートがいくらだったのか（いくらの商品・サービスを購入したのか）までは記録されていません。つまり、家電量販店のウォレットアドレスに送金した事実まではわかりますが、何を買うために法定通貨に換算していくら分を送金したのかはわからないのです。

なので、暗号資産で支払いをした場合は、**必ずレシートを取っておく**ようにしましょう。そうすれば収支を計算する際に、なんのための送金か、いくらのものを買ったのか、がわかるので便利です。また、証拠資料としても利用できます。

暗号資産デビットカードで買い物やキャッシングをした場合の税金

「暗号資産デビットカード」というものが存在します。ビットコインやイーサリアムといった暗号資産を預け入れて、クレジットカードのように使うことができるものです。国際的なクレジットカードブランドと提携しており、世界中のお店で利用することができます。

参考までに、海外発行のｅＺｐａｙカード[2]は、ＢＸＯＮＥという暗号資産取引所での口座開設が必要ですが、30ＵＳＤ（約３３００円）で暗号資産デビットカードを無審査で作ることができるそうで、日本国内外のＡＴＭでの現金化も可能とのこと。日本国内ではVandle Card[3]というデビットカードがあり、こちらは法定通貨やビットコインからもチャージができるそうですが、ＡＴＭで現金を引き出すことはできず、残高の返金もできないとのこと。

もともとデビットカードは、先にお金を預けておいて、そこから支払いをすることから、法定通貨建てのものも無審査のものが多く、これと同じというところでしょうか。利用する際に手数料がかかることもあるようですが、暗号資産取引所で法定通貨に替えてそこから銀行口座に送金し、ＡＴＭ等で出金して使うといった手間・時間や手数料を考えると、お得に感じられるかもしれません。

前項でビットコイン等の暗号資産は代金の支払いで使うこともできるが、利用できるお店はまだまだ少ないと書きました。しかし、暗号資産デビットカードであれば、このデメリットは解消され、**利便性が非常に高い**ものとなります。さらに、海外旅行に行った際に現地の法定通貨を持っておきたいときには、現地のＡＴＭからキャッシングをすればいい

2　eZpayカードは日本語での開設サイトもあります（http://www.bxone.trade/card/）
3　バンドルカード（https://vandle.jp/）はbitFlyerとの連携カードもあるそうです

わけです。

この機能は通常のクレジットカード・デビットカードと同様ではあります。しかし、通常、暗号資産の場合は取引所を介して法定通貨にしなければならないことを考えると、法定通貨に替える手間も省けることもあり、便利であることはご理解いただけると思います。

さて、暗号資産デビットカードを利用した場合、税金計算はどうするかというと、前項の「暗号資産で買い物をしたときの税金はこう考える」と同じ扱いとなります。ただ、暗号資産をデビットカードに預け入れた際は単に預けただけですので、収支計算には影響しません（入金手数料が必要な場合はその分が費用となります）。実際に買い物やキャッシングをした時に、売却した時と同じように収支計算をすることになります。

暗号資産同士を売買して得た利益の税金はこう考える

まず現金でビットコインを購入するところから考えていきましょう。購入時のビットコインの価格は1BTC＝50万円でした。その後、ビットコインの価格は大きく値上がりして、1BTC＝100万円になったとします。（図12）

この時点で、ビットコインを売却して利益を確定させるのではなく、他の暗号資産に買

図12　暗号資産同士の売買

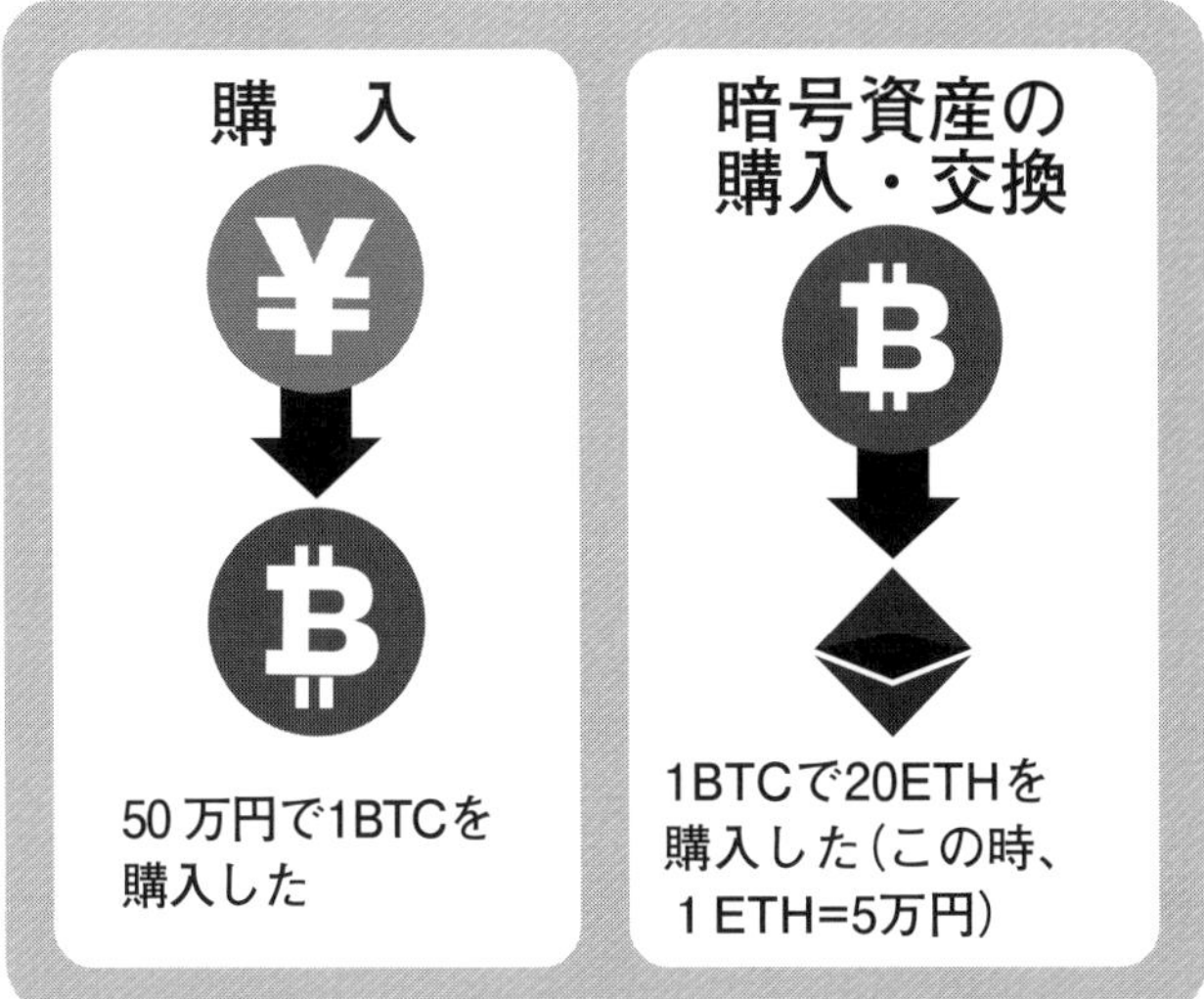

BTCの取得原価は@50万円。
ETH購入時に（5万円×20ETH）−50万円＝50万円の利益が確定する。

★物品購入時点では、等価交換ですが、物品購入（交換）時点で元の物品を売却し、そのお金で新たな物品を購入したとみなして取引を捉えるためです。

●注意！●

√暗号資産を「物品」と捉えた場合、時価変動があることも踏まえると、従来の物々交換と同様と捉えざるを得ません。
√なお、円→BTC→XXX にほぼ時差なく交換（売買）した場合は、XXX の取得原価は BTC の相場変動の影響を受けず、当初支払った円の金額とすることも差し支えないと考えます→税法では個別による取り扱いを認めました。（後述）
√**ただし、取引量が数件であれば、計算できなくはないですが、数十件以上になるととんでもない時間がかかります。**

い替えたとしたらどうでしょうか。一例として、ビットコインの価格は大幅に上昇しましたが、イーサリアムを見ると出遅れているような感じがしたとします。ここでイーサリアムに乗り換えておけば、出遅れの修正で大きな値上がり益が取れるかもしれません。暗号資産にかかわらず、価格が変動する投資商品で運用する場合、この手の出遅れに乗るというのは、リターンを狙う際の戦略のひとつになります。

この事例で、ビットコインの価格が1BTC＝100万円の時、イーサリアムの価格は1ETH＝5万円だったとします〈図13〉のとおり、実際のレートは調べないとわかりません)。この時点で1BTCを20ETHに交換しました。これで出遅れ気味のイーサリアムが大きく値上がりすれば、さらにリターンを最大化できます。そして実際にイーサリアムの価格は1ETH＝10万円になったため、20ETHを200万円で売却しました。

さて、この場合はどの部分が収益とみなされて課税されるでしょうか。誰しもがこう考えるでしょう。

取得原価は1BTCを購入した時の50万円であり、これが最終的に200万円になったのだから、値上がり益は150万円であり、これに対して課税される、と思われるのでは

図13　実際のレートは調べないとわからない

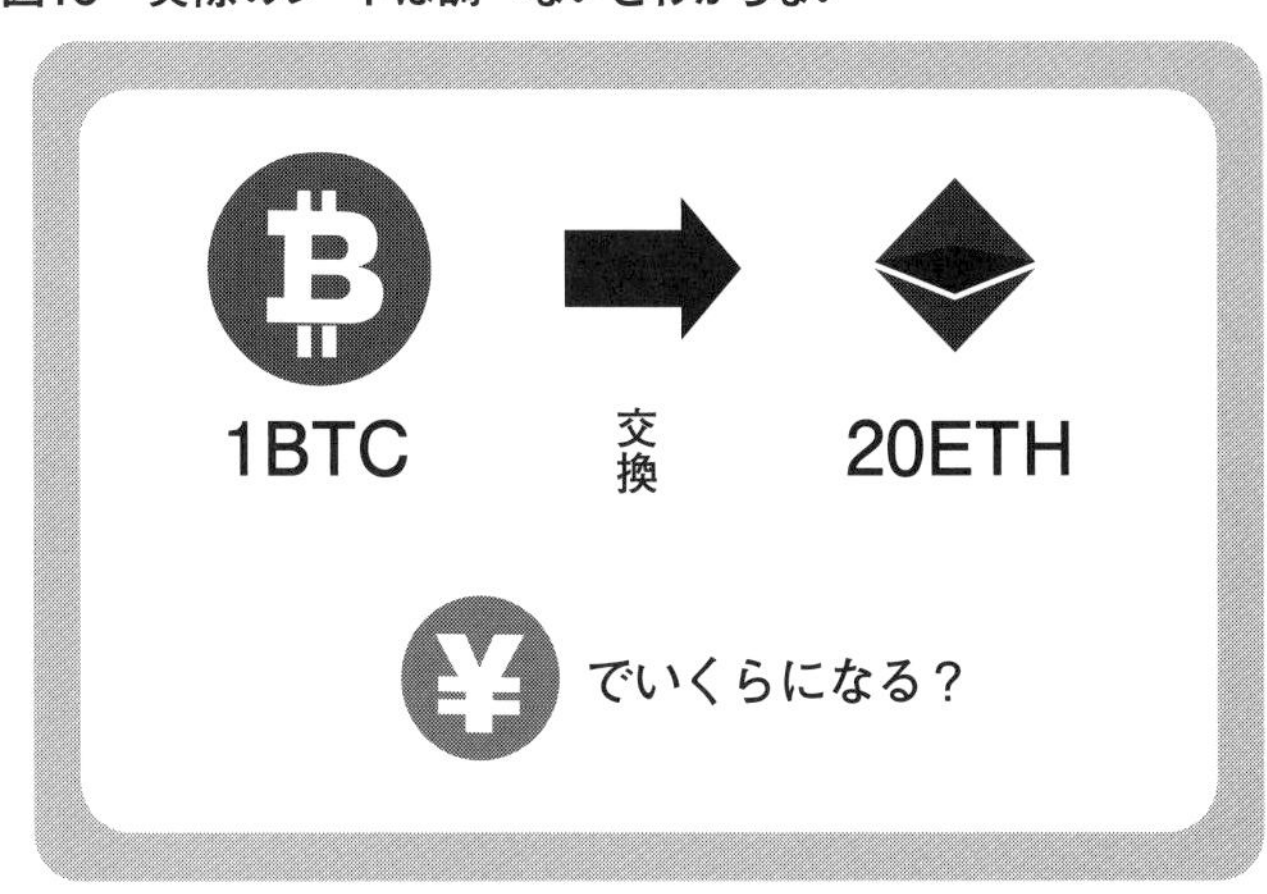

ないでしょうか。

でも、実際は違います。あなたは取得原価50万円で1BTCを手にした後、それと等価のイーサリアムに交換したと思われているかもしれませんが、実際にはこの時点でビットコインを売却して利益を確定させた後、その時の売却額を新たな取得原価としてイーサリアムを購入したことになります。

したがって、まずは1BTCが50万円から100万円に値上がりしたところで売却したことによるわけですから、まずこの値上がり益に該当する50万円が課税所得になります。

さらに、1ETH＝5万円で購入したイーサリアムが1ETH＝10万円に値上がりしたところで利益を確定させたのですから、この売却益

100万円に対して課税所得となります。

このように説明すると、50万円の取得原価が200万円になったという計算と、50万円の取得原価が100万円になり、さらにそれが200万円になった場合の計算とでは、得られた利益が同じ150万円なので、税金の計算は同じになると考える人もいると思います。確かに、利益の合計額は変わりません。

これらの取引が同年に行われたものであれば申告・納税において結局は合計額が一緒ですから、そのように考えることもできます。ところが**年をまたぐ**と考え方が変わってきます。

個人の所得税は、1月1日を起点にして同年の12月31日までに得られた利益に対して課税されます（暦年課税といいます）。

たとえば5月1日に1BTC＝50万円の取得原価で購入したビットコインが同年12月31日に100万円まで値上がりしたところで、1ETH＝5万円で20ETHに買い替えたとしましょう。その後、翌年の2月1日に20ETHを売却し200万円を手に入れた場合を考えてみましょう。（図14）

まずBTCをETHに交換した際の利益、50万円は今年の所得となります。

次に、ＥＴＨを２００万円にした際の利益、１００万円は翌年の所得となります。

結果、今年と翌年の所得額が変わり、もちろん税額も変わることになります。

いつ売買・交換をしたのかによって、合計の利益額は同じでも、税金の計算をする際には大きな影響があることをご理解ください。

しかし、利益が出続けているのであればいいのですが、たとえばイーサリアムの価格が大暴落して翌年2月1日には1ＥＴＨ＝１万円になったとします。取得原価１００万円だったイーサリアムが、20万円になった計算です。結局、損切りするために売却しました。

この場合、１００万円が20万円になったのだから、80万円の損失が生じたことになります。株式でも投資信託でも、あるいはＦＸでも同様ですが、値上がり益には

図14　年をまたいだ取引の申告①

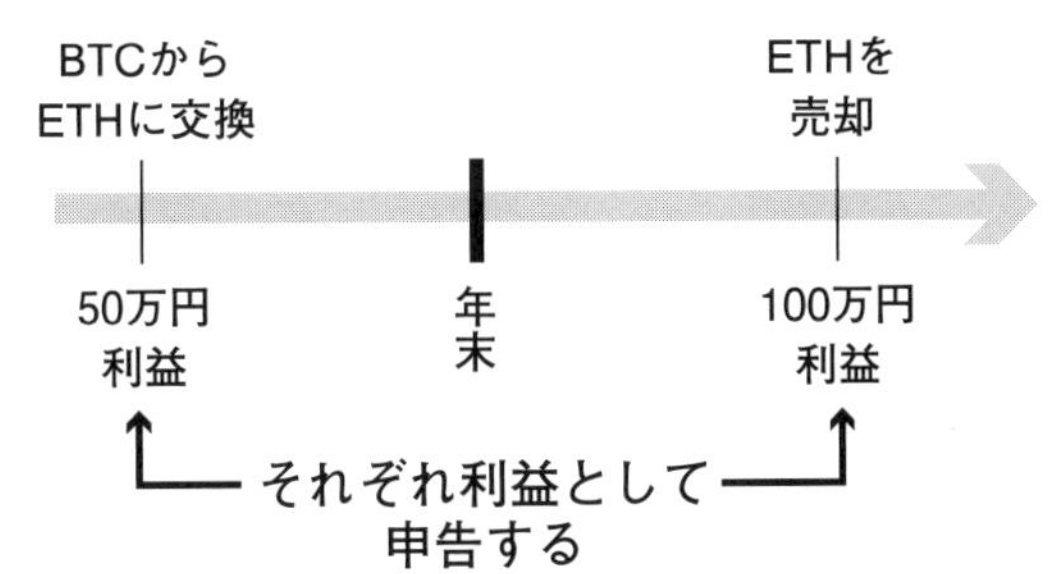

課税されますが、損失に対しては課税されません。そうなると、50万円の取得原価で購入したビットコインをイーサリアムに交換してさらに売却した残りが20万円になったのだから、本来なら課税されないと考えるでしょう。
ところが、この場合は課税されてしまいます。
前述したように、個人の所得税は1月1日から同年12月31日までに得た所得に対して課せられます。ということは、今年の5月1日に取得原価50万円で購入したビットコインを、同年12月31日に100万円で売却していますから、この差額である50万円の値上がり益は今年の課税所得になるのです。したがって、翌年の3月15日までにはこれを雑所得として確定申告・納税をしなければなりません。（図15）
つまり、今年の12月31日にイーサリアムに乗り換えた後、翌年の3月1日までの値下がりと損切りによって、

図15　年をまたいだ取引の申告②

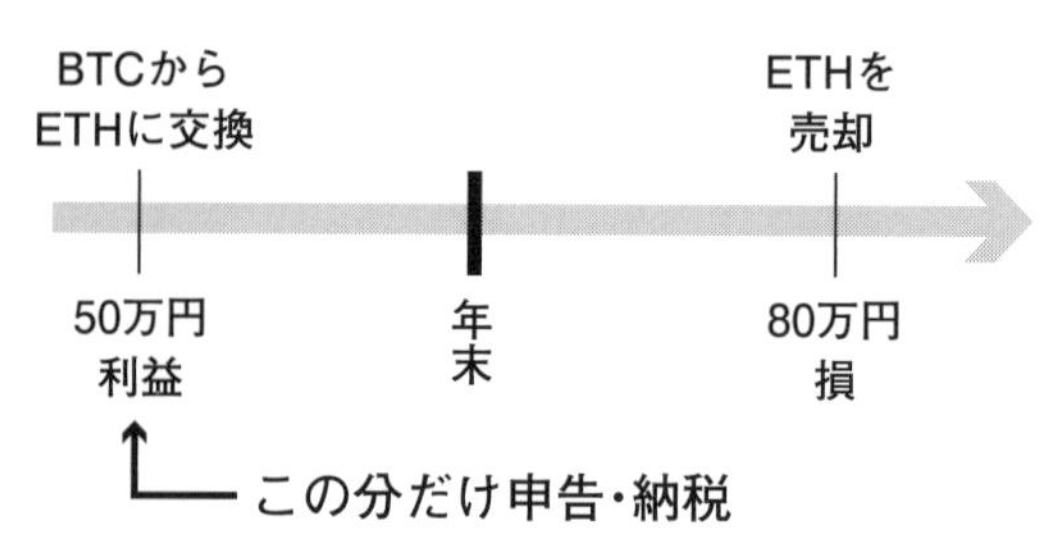

取得原価から見れば30万円の損失を被っていますが、**前年の値上がり益に対する課税**が発生するのです。

もちろん、この事例は金額が小さいため、それほど大きな影響にはならないかもしれません。ところが、実は２０１７年12月までの暗号資産の価格急騰で、このような状況に陥っている投資家が大勢いると見られています。つまり、12月中の価格急騰で大儲けしたものの、その後、他の暗号資産に買い替えた後、価格急落によって逃げ場を失って、多額の含み損を抱えたまま現在に至っているというケースです。

投資家によっては、２０１７年12月までの急騰時に数億円単位で利益を得た人もいます。それと等価で他の暗号遺産に買い替えた後、価格の急落に巻き込まれて損失を被っているとしたら、どうでしょうか。２０１７年12月の価格ピーク時から見れば大儲けしそこなったとしても、取得原価が低かったため、現時点でまだ少額ながら利益が出ている投資家もいると思います。

でも、この事例で考えれば、２０１７年12月時点までに得た利益に対しては課税されます。それも数億円単位で大儲けしたとしたら、納税額は相当の高額になります。おそらく今の時点で保有している暗号資産をすべて売却したとしても、納税額には到底足りないというケースも生じてくるでしょう。

税金の怖いところは、納税するお金がないからといって自己破産が認められないことです。仮に他の債務によって自己破産を余儀なくされたとしても、税金と社会保険料は免責されません。税金を払わずに滞納し続けていると、財産を差し押さえられることになります。

したがって、どうしても税金を払えないという状況に追い込まれた時は、たとえば税務当局に相談して、分割納税が可能かどうかを相談します。だからといって必ずしも分割納税に応じてくれるかどうかはわかりませんが、とりあえず分割でも納税する意思を示すことによって、財産の差し押さえを避けられる可能性が出てきます。ただ、その前にこのようなことにならないように自己防衛をしっかりしておきたいものです。

外貨建て暗号資産で得た利益の税金はこう考える

暗号資産の取引所は国内だけでなく海外にもあります。というよりも、その数からすれば暗号資産取引所は海外が主流といったほうが良いかもしれません。

海外の暗号資産取引所は、国内のそれとはいくつかの点で異なります。

まず口座開設の容易さでは、圧倒的に海外の取引所に軍配が上がります。日本の暗号資産取引所の口座開設手続きも、かつてのインターネット証券会社に比べれば格段に簡単になりました。それでも審査などを含めて口座を開設するまでには、最短でも2～3日の時間を必要とします。

これに対して海外の暗号資産取引所の場合、あっという間に口座開設できる点がメリットです。なかにはメールアドレスを入力するだけで口座開設が可能というところもあるくらいです。

ただし、海外の暗号資産取引所で取引する場合、残念なことに日本円で投資資金を振り込めないケースが大半です。一部の取引所を除いて、口座を開いて取引する場合は、日本の暗号資産取引所からビットコインやイーサリアムを購入し、送金する必要があります。

海外の暗号資産取引所で売買するメリットは、前述したように口座開設が簡単であることに加え、手数料が国内の暗号資産取引所に比べて安いことが多く、何より取引できる暗号資産の種類が非常に多いことなどが挙げられます。

ちなみに海外の暗号資産取引所大手のバイナンスでは、100種類以上の暗号資産（トークン）を扱っています。もちろん、なかには価値が低く取引量も少ない草コインも相当含まれていますが、この手のマイナーな暗号資産（トークン）に投資して一攫千金を狙いたいという人には、海外の暗号資産取引所が適していると思います。

一方、デメリットとして、基本的には日本語対応はしていない点があります。最低レベルの英語の知識は必要となりますし、トラブルがあった際の問合せは英語等の外国語で行う必要があります。英語のやりとりが不安という方は、日本語でのサポートがある取引所を探してください。ただし、日本政府の規制が厳しいことから、残念ながら日本居住者の口座開設を認めない取引所が多いのも事実です。

また、海外の暗号資産取引所は日本円での現金引き出しができない点がほとんどです。したがって、海外の暗号資産取引所で投資して得た利益を日本円で引き出す場合は、海外の暗号資産取引所で保有している暗号資産（トークン）を、日本の暗号資産取引所に送金したうえで、日本円に交換する必要があります。

この時に注意しなければならないのは、海外の暗号資産取引所で取引する場合は、多くは法定通貨とのペアは少なく、あってもその多くが米ドルやユーロとのペアになります。

なお、海外暗号資産取引所の中でもＢＸＯＮＥ[4]は珍しいことに日本円（米ドルも可）での入出金ができると紹介されています。

4　BXONE（http://bxone.com）は日本語での解説サイトもあります（https://www.bxone.trade/）。日本円の他に米ドルにも替えられるとのこと。

日本国内から直接日本円で入出金ができるとすると、海外暗号資産取引所に送受金するために、わざわざ国内で暗号資産に変換しなくても良くなり、余計な手間や手数料がかかりません。

また、ＢＸＯＮＥでは海外ＦＸ取引所に直接入金できたり、前述したとおり、ｅＺｐａｙカード（デビットカード）へのチャージも可能と説明されています。

しかし、当然海外の暗号資産取引所なので、取引画面はすべて英語表記になっており、送金手数料も確認が必要です。

さて、日本において税金の申告をする場合には、海外での暗号資産取引もすべて日本円に換算して計算する必要があります。当然、所得も税額も日本円で計算して申告するからです。

したがって、海外の暗号資産取引所で売買した場合の利益は日本円に換算しなければならず、その場合は、為替レートの値動きも損益に影響する点に注意してください。

たとえば１ＢＴＣ＝１００米ドルで、米ドル／円の為替レートが１米ドル＝１００円で購入したのであれば、１ＢＴＣの取得価額は、

１００米ドル×１００円＝１万円

になります。そして、1BTC＝5000米ドルまで値上がりし、かつ米ドル／円が1米ドル＝120円まで円安になっていた時に売却したとしたら、その時点での円建ての価額は、

5000米ドル×120円＝60万円

になります。したがって、ここでの利益は59万円になり、これが課税所得と見なされます。（図16）

ちなみに外貨預金の税金は、利息が20パーセントの源泉分離課税になりますが、為替差益は雑所得になるというように、異なる税金が適用されます。暗号資産の場合、それ自体の値上がり益も為替差益も、両方とも雑所得扱いになるので、利益を計算する時は為替レートを掛け合わせて、その時の暗号資産（トークン）の価格を計算したうえで収支を計算します。

また、為替レートも時々刻々と変動しているので、どの時点の為替レートを用いればいいのかという点で迷うところですが、これは**取引日のTTMレート**を用います。

TTMレートとは、金融機関が外国為替取引を行う際に用いられる基準為替レートのことで、毎朝9時55分時点の為替レートを参考にして決定します。このレートを用いて外貨

図16　外貨建てでの暗号資産の売買

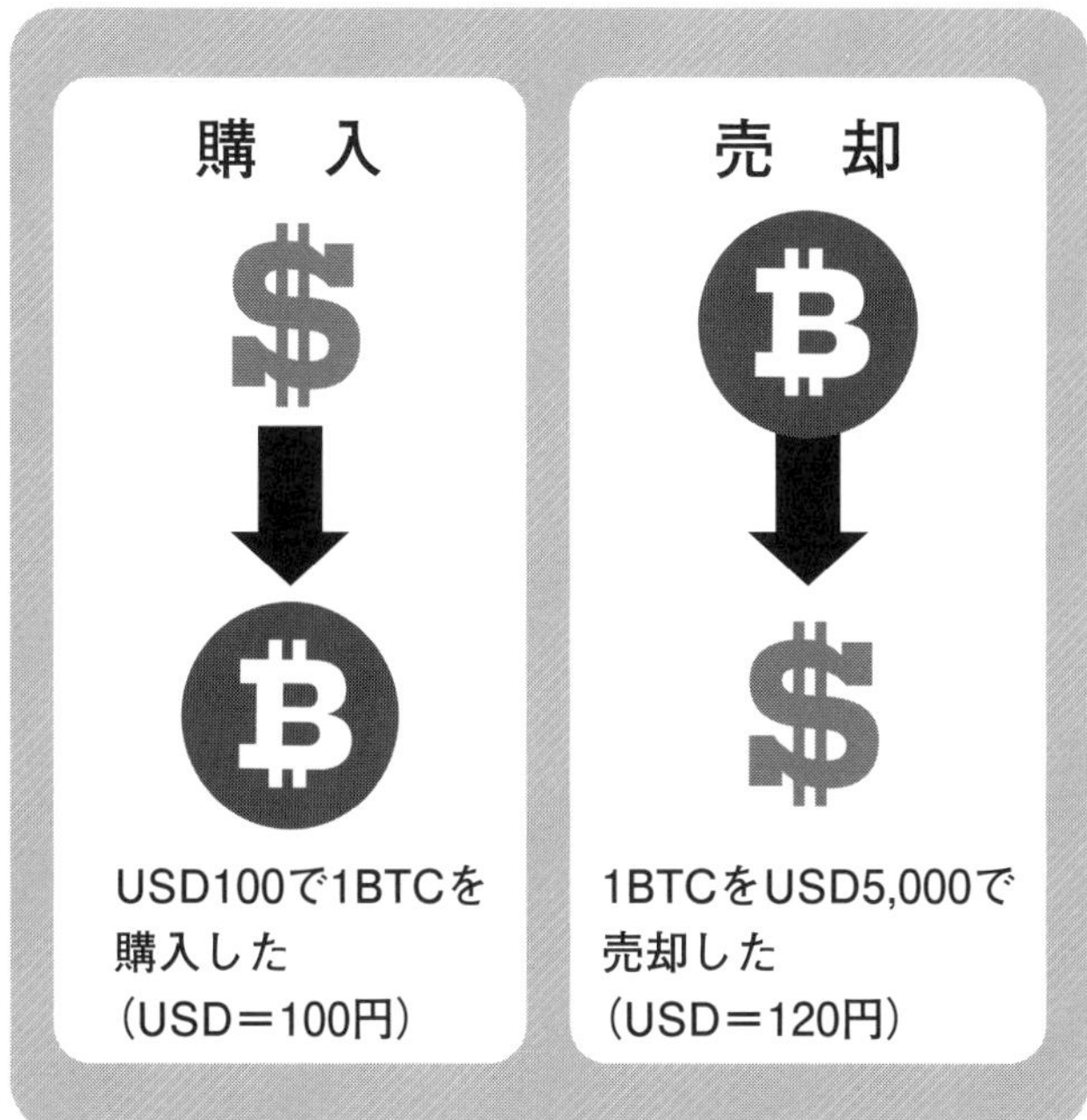

BTCの取得原価はUSD100×100円＝@1万円。
BTC売却時に（USD5,000×120円）−1万円＝59万円の利益が確定する。

★外貨の変動についても売却時には認識することになります。
★いつも日本円換算の金額で考えてください
（取引日のTTMレートが原則）

建ての暗号資産（トークン）の価格を円建てに換算すればいいのです。

レバレッジ(証拠金)取引で得た利益の税金はこう考える

レバレッジとは**「テコ」**のことです。皆さん、ご存じかと思いますが、テコとは少ない力でより重いものを動かすための何かを指します。言い方を換えると、小さな運動を大きな運動に変えることができるもの、ということになります。

投資の世界におけるレバレッジとは、少ない資金でより大きな資金を動かして効率良くリターンを上げるという意味になります。わかりやすく言い換えれば、自己資金だけではなく、借入金も利用してより大きな資金で投資をすることを指します。

たとえば、手許に10万円があるとします。これを元手に何か将来性が有望な企業の株式に投資するとしましょう。10万円の資金では、たとえ将来有望な企業の株式に投資できたとしても、得られるリターンは知れています。仮に20パーセント値上がりしたとしても、投資元本が10万円ですから、実際に得られるリターンは2万円です。

でも、10万円を担保にして銀行から１００万円を借入したらどうでしょうか。１００万円を投資できるわけですから、レバレッジは10倍です。結果、投資額も利益も10倍になります。１００万円が投資元本であれば、リターンは20パーセントですから、実に20万円もの利益が得られることになります。（図17）

これを利益率で比較すると、レバレッジを掛けなかった場合のそれは20パーセントに過ぎません。ところが、レバレッジをかけた場合、投資元本は１００万円ではなく担保として差し入れた10万円と考えれば、利益率は20パセーントではなく２００パーセントにも達します。これが、**レバレッジの魔力**です。

問題は、数倍のレバレッジをかけてポジションを取った時、思惑とは逆の方向に相場が大きく動いた場合です。レバレッジは、確かに非常に効率よく利益を実現してくれますが、相場が思惑から外れて逆方向に進んだ場合は、損失額も大きく膨らむ恐れがあります。

具体的な事例を挙げて説明しましょう。

10万円を投資元本として、20パーセントの損失が生じた場合の損失額は２万円です。決して少額資金ではありませんが、２万円を失ったからといって人生の歯車が大きく変わってしまうケースは、極めてまれです。

でも、これが10倍のレバレッジをかけたうえでの取引だったらどうなるでしょうか。当然、レバレッジは負の方向にも作用しますので、損失額も非常に大きなものになる恐れがあります。

たとえば10万円の投資元本に10倍のレバレッジを掛け、元本を100万円まで膨らませたうえで投資したとします。結論を申し上げるとこの取引は失敗に終わり、結果的に20パーセントの損失が生じました。レバレッジを効かせた元本は100万円になるので、それに対して20パーセントの損が生じれば、20万円の損失を被った形になります。

でも投資元本は10万円なので、20万円の損失が生じた場合、その損失額を担保となる投資元本から支弁できなくなります。したがって、最初に入れている10万円とは別に、新たに10万円を用立てる必要があります。（図18）

他にもレバレッジで泣いた人は数知れずいるでしょう。国内の暗号資産取引所は金融庁からの指導によって、そのレバレッジは最大4倍までと自主規制をしています（金融庁は2020年1月にレバレッジ2倍に規制する案を示した）。

図17　レバレッジ取引の例①

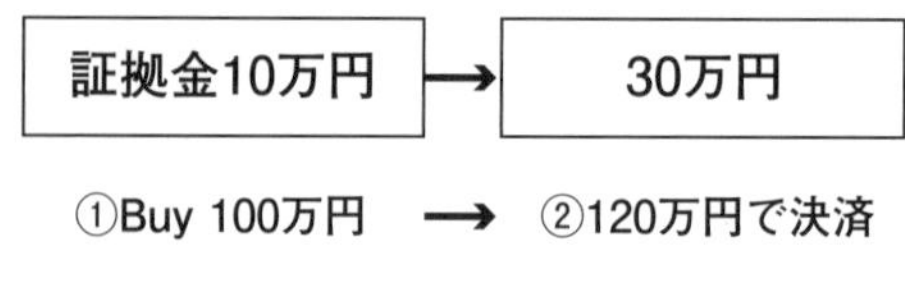

差額の20万円（120万円－100万円）
が利益となり証拠金に足される

ところが海外の暗号資産取引所の場合、細かい規制・ルールは一切ありません。なかにはレバレッジ１００倍などという取引所もあります。仮にレバレッジ１００倍でポジションを持ったら、証拠金が10万円で最大限レバレッジを利かすと実に１０００万円ものポジションを持つことができることになります。

当然、このように想定される投資元本が大きく膨らめば膨らむほど、相場の動きが反対に向かった時の損失額は、一気に膨れ上がります。前述のように、20パーセント価格が下落した場合は、１０００万円に対して２００万円の損失が生じます。10万円の証拠金ではまったく足りないことになります。このように大きな損失が生じたものの、さらに取引を続けたいと希望するならば、新たに証拠金を追加しなければなりません。これは、ある程度マーケットが大きく変動したとしても、証拠金の体力を維持できるようにするためです。

図18　レバレッジ取引の例②

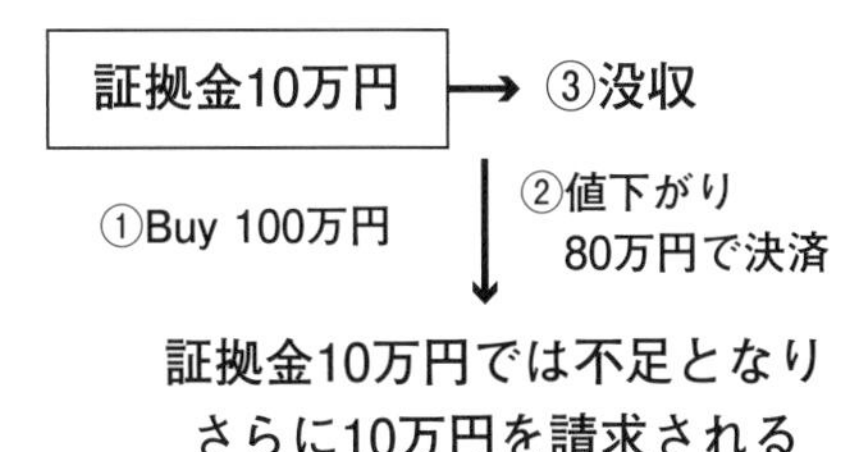

さて、レバレッジを効かせた暗号資産取引の利益についてですが、利益を確定させるためには**「反対売買」**と呼ばれる方法を用います。つまり、買いから入った時には売り、売りから入った時には買い戻しを行います。

したがって、暗号資産のレバレッジ取引によってリターンが得られた場合は、差金だけを認識します。差金とは、現物の受け渡しを行わず、あくまでも買いと売りの価格差分だけを授受して取引を完結させることです。

たとえば1BTC＝2万円でBUY（買いポジション）を取り、ビットコインの価格がどんどん値上がりして、大きな利益を上げたとします。ここでは1BTC＝60万円まで値上がりし反対決済（SELL）をしたとしましょう。この場合、

60万円－2万円＝58万円

が差金になります。証拠金取引はその取引所内だけで完結するため、計算は比較的簡単です。（図19）

いずれにしても、レバレッジを掛けた取引は常に高いリスクがつきものですから、実際に行う場合にはくれぐれも慎重に対応してください。そして、何よりも大事なのはリスク管理です。

図19　暗号資産証拠金取引の売買

SELL

- 証拠金取引（FX）はBUYまたはSELLのポジションを持つだけで、その決済は**反対取引**を行うことになります。
  ※要するに、**差金だけを認識**するのです。
- 上記では、60万円－2万円＝58万円が利益となります。
- 現物取引と証拠金取引は別々に計算します。（比較的カンタンです）

つまり、どこまで損失が膨らんだら撤退するのかということを、しっかり考えておくべきでしょう。そして、実際にその損切りレートに近づいた時は、そのままポジションを保有し続けるのではなく、いったん決済して心を落ち着かせながら、いつ新しいポジションを持てばいいのかを考えるようにしましょう。

ハードフォークの場合の利益の税金はこう考える

暗号資産はブロックチェーンというインフラ上で稼働する決済システムであることは、すでにご理解いただけたかと思います。

このブロックチェーンは時々、**仕様変更**が行われます。理由はさまざまですが、たとえば外部の第三者からシステムが攻撃を受けた時やハッキングによって資産流出が生じた時、あるいは取引量が増えて処理速度が遅くなった時などに、ブロックチェーンの改良が行われます。

この仕様変更が行われる時、これまで使われてきたブロックチェーンAから分裂する形で、新しいブロックチェーンBが生成されます。つまりブロックチェーンAの改良版がブロックチェーンBになります。この枝分かれがフォーク状に見えることから、ブロックチェーンが枝分かれすることを**「フォーク」**というのです。このうちハードフォークとは、ブロックチェーンAとブロックチェーンBとの間に何の互換性もない状態を指しています。互換性がまったくないため、ブロックチェーンAとブロックチェーンBは永遠に交わることなく、並行してブロックが続いていきます。つまり古いルールに則って運用されるブロックチェーンAと、新しいルールに則って運用されるブロックチェーンBの両方とも使われ続けていくのです。

もちろんハードがあるならソフトもあります。ソフトフォークは既存のブロックチェーンAとブロックチェーンBとに枝分かれする点は同じですが、ハードフォークとは違い、両者の間に互換性があります。したがってソフトフォークの場合、基本的にトークンは分裂しません。（図20）

具体的な事例で言うと、ビットコインはこれまで幾度となくハードフォークを繰り返してきました。これによってビットコインからビットコインキャッシュ、ビットコインゴールド、ビットコインダイヤモンドが誕生しました。

ハードフォークが行われる時、これまでは保有しているのと同数の新しいトークンが付与されるのが慣例になっていました。たとえばビットコインを５ＢＴＣ保有している状態

図20　ハードフォークとソフトフォーク

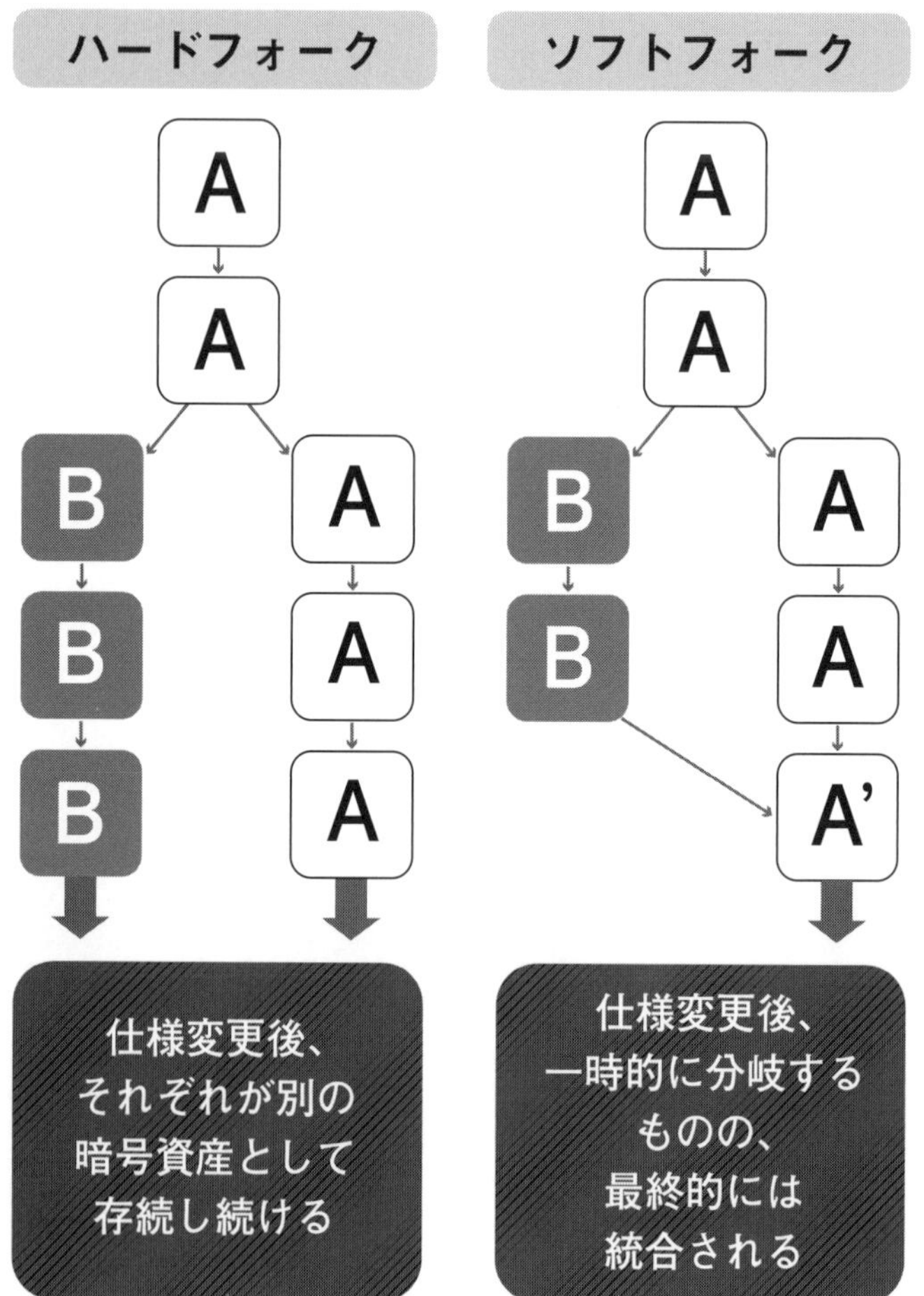

でビットコインキャッシュのハードフォークが行われた時は、5BCHが無償で付与されたのです。

ちなみに、ハードフォークを株式分割にたとえる人もいますが、株式分割とフォークは似て非なるものです。たとえばトヨタ自動車が株式を分割した場合、投資家に新たに付与される株式はあくまでもトヨタ自動車の株式、つまりは同じものです。ところが暗号資産のハードフォークによって付与される新しい暗号資産は、従来のものとはまったく異なるものになります。当然、価格も値動きも違います。

それでは、ハードフォークで新たな暗号資産を得た場合、いつ・どのように利益計算をするのでしょうか。

結論を先に言えば、**売却時に売却額をそのまま利益**とする、が正解です。もともと無料で得たものですから、取得原価はゼロと考え、売却時にその全額を利益とすることになります。2019年度税制改正でみなし取得原価の適用が認められたので、5パーセントを取得原価として、売却額の95パーセントを利益とすることになるでしょう。

エアドロップによって得た利益の税金はこう考える

エアドロップとは、ある日突然、新規発行のトークンが付与されるというものです。「そんなにおいしい話があるのか」と思われる方もいらっしゃるでしょうが、実際にある話です。ハードフォークに似ているものの、エアドロップの場合、自分がある特定の暗号資産（トークン）を持っている、いないに関係なく、まったく別のトークンがウォレットに付与されるのです。まさに空からお金が降ってくるようなものです。（図21）

過去に行われたエアドロップで有名なものとしては、ネム（NEM）があります。初期の頃は1人当たり56万2500NEMが、なんの対価もなく無償配布されていました。2019年12月現在のネムのレートが1NEM＝4円前後なので、225万円程度になります。しかもネムの価格は一時期、1NEM＝200円くらいまで値上がりしていた時があるので、この時にうまく売り抜けていれば、実に1億1250万円もの利益額になりました。なんも苦労せずに億り人になれたのです。うらやましい限りですね。

なぜ無償でトークンを配布するのかというと、一種の**宣伝**であると考えられます。すでに暗号資産への投資を行っている人に、新規トークンを無償配布して所有者が増えること

図21　エアドロップの種類

タイプ	内容
暗号資産保有者配布型	すでに暗号資産を保有している投資家に対して、保有している暗号資産の量に応じて新しく発行される暗号資産が配布される。過去、イーサリアムの保有者に対してエアドロップが実施されたケースがある。
報奨金（バウンティ）型	あるプロジェクトについてツイッターでフォローしたり、リツイートする、あるいはテレグラムに参加することによって、その対価（報奨金）として新たに発行される暗号資産が配布される。
アカウント登録型	各種ウェブサービスやブロックチェーンゲームなどに参加するためのアカウントを登録することによって、暗号資産が配布される。メールアドレスやパスワードの登録だけで済むのが一般的だが、なかには電話番号や顧客確認情報を求めてくるケースもある。
アプリ利用型	各種アプリケーションをダウンロードしたり、実際にアプリケーションを使用することによって暗号資産が配布される。ただし、ダウンロード型はウイルス感染のリスクなどもあるので、怪しい話には要注意。

によって知名度を上げることができます。しかも市場取引が開始したら保有者が多ければ取引も活発化するでしょうし、その結果、もし値上がりすれば、そのトークンに対する評価はどんどん上がり、さらなる価格の上昇につながっていきます。そのメリットを考慮すれば、多少のトークンを無償配布することなど、大したコストにならないというわけです。

ただし、それは無事に新規トークンが暗号資産取引所に上場されることが条件です。上場されて初めてレートが形成されますから、上場されなければどれだけ多くの新規トークンが付与されたとしても、**ただのゴミ**と同じです。また、ＮＥＭのように上場されるかどうかは、新規トークンが発行された段階では何とも言えません。なので、自分のウォレットに新規トークンのエアドロップが行われたとしても、過大な期待は抱かないほうが良いでしょう。あくまでも、当たれば儲けものという程度に考えておくのが良いと思われます。

さて、無償配布された新規トークンが無事、暗号資産取引所に上場され、そこで価格が付いたとします。この場合、新規トークンは暗号資産となり、そこで利益を得れば課税対象になります。ただ、ここで問題になるのが、取得原価をいくらと考えるのが妥当か、ということです。

これについては、税務上の取扱は明確ではありませんが、私はハードフォークと同様になると考えています。現段階においては、**取得原価ゼロ円**として課税対象額が計算されると考えるのが妥当です。ということは、仮に56万２５００ＮＥＭがエアドロップされた後、１ＮＥＭ＝４円で売却したとすると、２２５万円がまるまる課税対象になります。[5]これが雑所得として総合課税されるわけですから、会社員であれば、自分の現在の給与所得に照らして、納税額が大きくなることも覚悟しなければなりません。

エアドロップによって付与されたトークンが少額であれば、取得原価ゼロ円で課税されたとしても、それほど大きな影響はありません。ただし、前述したようにネムの最高価格だった時に売却し、売却額が１億円を超えるようだと、納税するに際して現金を調達するのが非常に難しくなります。

もちろん、保有している暗号資産を全部売却して、その一部を納税額に充てればいいのですが、その時の価格によっては、売却するのに適したタイミングではないというケースも想定されます。暗号資産の価格はボラティリティが高いのに加え、時々刻々と変動していますから、どの時点で売却して現金化するかによって、納税額を用意できず、泣く人も出てくる恐れがあります。なので、エアドロップで高額の新規トークンが付与された場合は、確かにうれしいかもしれませんが、納税についてはしっかり頭に入れておくべきです。

5　実際はみなし取得原価を適用し、5パーセントは原価として計算してもよいため、225万円の95パーセント、213万7500円が利益となります。

なお将来的には、別の解釈で取得原価が計算されることになる可能性もありますので、あくまでも現段階での判断とお考えください。

マイニングによって得た利益の税金はこう考える

マイニングについては前述しましたが、要するに暗号資産の送金や受取といった取引処理を複数のマイナーが分担して行い、もっとも早くハッシュ関数の答えである正しいハッシュ値を計算できた人に対して、その報酬として暗号資産による対価が支払われることです。いわば**計算競争**を行い、賞金の取り合いをしているのです。英語で「採掘」という言葉が使われていますが、鉱山で金を採掘する際のマイニングとは別物であることを、まずご理解ください。

マイニングによって得た暗号資産については、どの時点の価格を用いて取得原価とするかという問題があります。なかにはマイニングによって得た暗号資産については課税する必要がないのではないかと考える人もいるようですが、マイニングは暗号資産をもらうためにブロックチェーンを担う作業を行い、価値のあるものを取得することになるので、課税の対象になります。

では、取得原価はいつ時点の価格を用いればいいのでしょうか。

たとえばビットコインの場合、マイニングの報酬は理論上、10分間に１回割り当てられます。国税庁のＦＡＱによれば、マイニングした時点で収益を計上することが求められていますが、実際には、暗号資産の価格は秒単位で変動しているので、マイニングした時点のレートを精緻（せいち）に把握するのは困難です。

しかも、実際には**プールマイニング**により、多数の人と協力してマイニングを行うことが一般的です（事業協同組合のようなイメージです）。そうなると、まずはプールに対してマイニングで得た暗号資産が入金され、その後、各プールのポリシーにより、参加者に対して報酬が分配されます。したがって、自分のウォレットで報酬を受領するまでにはかなりのタイムラグが生じるため、ますますどの時点の価格を用いるかについては、わかりにくくなります。

したがって現実的な解決方法としては、１日ごとに得た報酬または**入金された報酬**をどこかの暗号資産取引所でのレートで計算し、それを収益として計上することが考えられます。

なお、マイニングによって得た収益については、いくつかの費用を計上できると考えられます。

たとえばマイニングを行うには、マイニングマシンが必要となりますので、そのサーバーやパソコンなどの購入費用を計上できます。またマシンを動かすための電気代がかかってきます。その他、マイニングを業として行う場合は、マイニングマシンを設置する場所の賃料や地代、そして人を雇用している場合はその人件費なども経費として認められるでしょう。（図22）

ただし、個人としてマイニングを行う場合は、あくまでもマイニングに直接かかわる費用のみが経費にできます。具体的にはマイニングに直接かかわっている分の電気代、サーバーやパソコンなどの購入費用が、個人の雑所得で認められる経費です。これらの経費をマイニングによって得た収益から控除したうえで、課税所得を計算します。

ICO投資で得た利益の税金はこう考える

ＩＣＯは株式の上場であるＩＰＯ（Initial Public Offering）をもじったもので、Initial Coin Offeringの略であることは前述したとおりです。

要は生まれる予定もしくは生まれたばかりのトークンに投資するものですが、投資した

図22　マイニングで得た報酬の税金計算

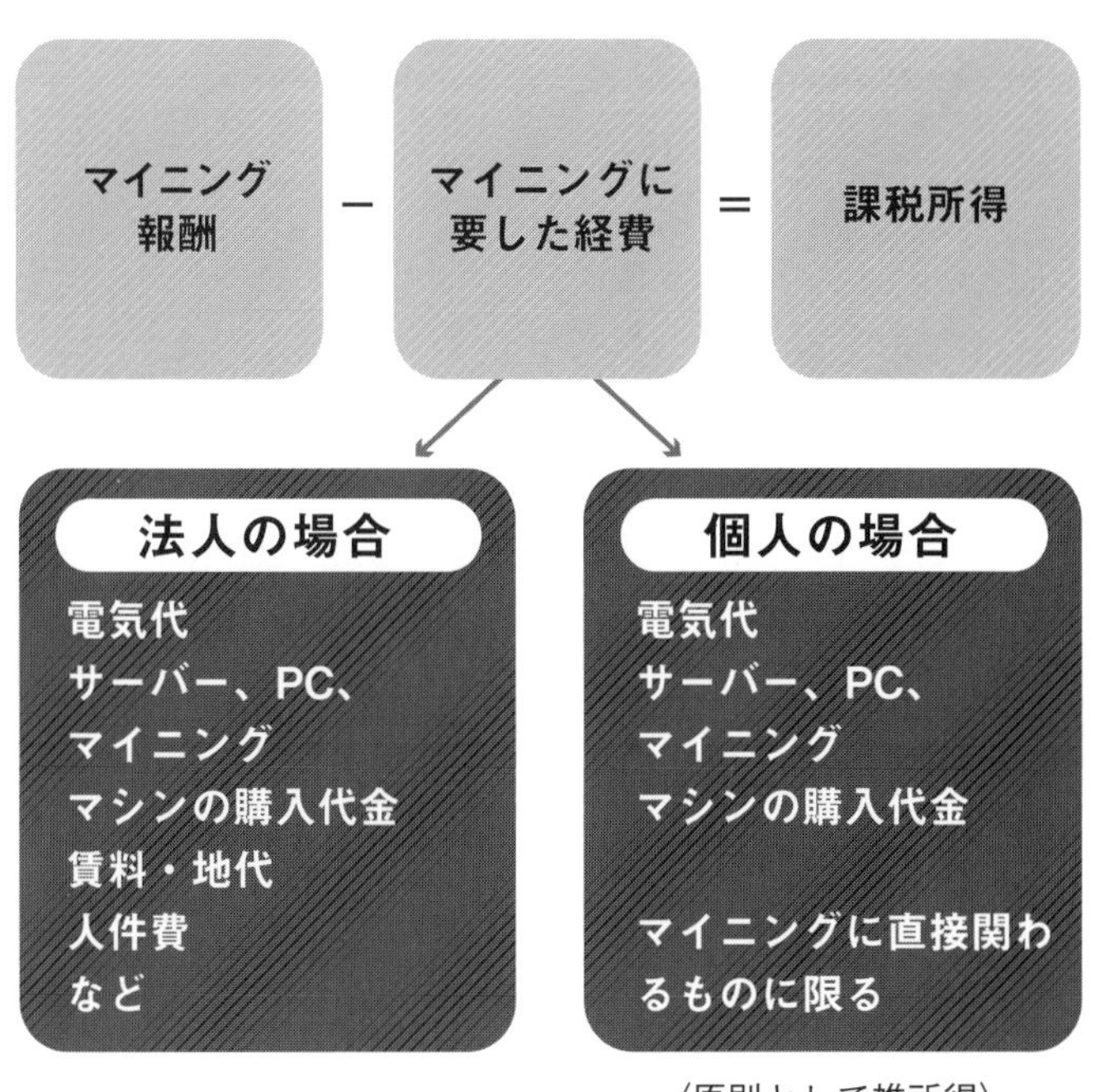

〈原則として雑所得〉

図23　ICOで得た利益の課税について

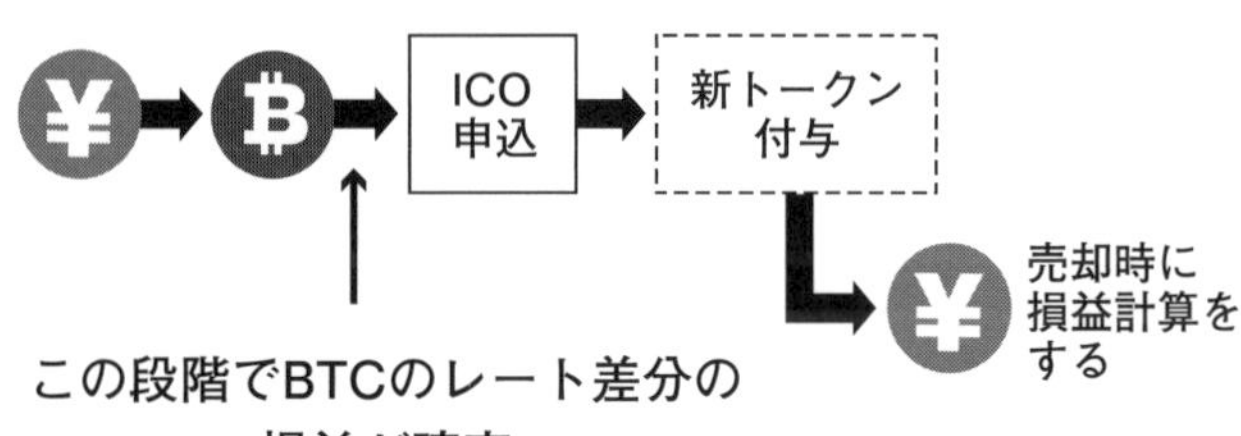

段階ではまだ市場価格がついていません。ＩＣＯはトークンが暗号資産取引所に上場された段階で、初めて価格が形成され、暗号資産となります。

ただし新規トークンはあらかじめ売り出し価格が個別に決められているので、これがＩＣＯで新たに誕生するトークンの取得原価になります。そして、そのトークンが無事に上場され、価格が形成され、取得原価を上回ったところで売却し、利益を確定させた場合には、取得原価である売り出し（購入）価格との差額が利益となり、課税の対象になります。（図23）

その際にひとつだけ注意点があります。ＩＣＯに申し込んで新規トークンを入手する場合、ビットコインやイーサリアムといった既存の暗号資産（トークン）で購入金額を払い込むことが多いため、前述した暗号資産同士の売買を行ったのと同様、既存の暗号資産（トークン）については送金した時点の価格で売却し、利益確定させたことになります。この部分は忘れがちなので、既存のトークンでＩＣＯの払い込みを行ったら、その時点の価格を把握しておくことが肝心です。[6] その時点で既存のトークンが取得原価に比べて値上がりしていたら、その値上がり益は課税所得の対象になります。

ところでＩＣＯの現状について少し触れておきましょう。実に、ＩＣＯの評判は良くなく、なかには詐欺行為としか言いようのないＩＣＯ案件もたくさんあります。また、詐欺でなかったとしても、トークンが上場された後、値上がりするどころか値下がりしてしまったトークンは非常に多く、結果的に損失を被った状態のままで放置されているトークンが大半と言われています。株式のＩＰＯのように、大半が上場と同時に株価が値上がりし、そこで売却すれば利益が得られるほど、ＩＣＯのマーケットは成熟していません。

現在、暗号資産の数はビットコインやイーサリアムなどメジャーなものも含めて全部で約３０００種類もあります。ほんの少し前、２０１８年初の頃は、約２０００種類前後しかなかったので、この数年で新しいトークンが爆発的に増えたことがわかります。この数字は、数多くの暗号資産が市場から消えたものを差し引いたうえでのものです。また、上場したとしても、１日の取引量がないか限りなくゼロに近いという暗号資産も多く、取引

6　なお、ICOのトークンが申込時に生成されておらず、後日付与されることもあります。この際は、申込時に送金した暗号資産の売却と考えるか、付与された際に送金した暗号資産と交換したと考えるか、2つの考え方がありえます。

実績が確認できるのはせいぜい多くて1000程度に過ぎません。しかも、まともな価格が付いているのは、実に少なく数百しかないのが実態です。

ところで現状、ICOといえばほとんど海外の暗号資産取引所でしか行われてきませんでしたが、2020年4月以降は資金決済法と金融商品取引法の改正が行われ、日本国内の暗号資産取引所でもICOによる資金調達が認められるようになります。[7] 有価証券と同じような機能を持たせた**STO**(Security Token Offering)[8]による資金調達も行われるようになります。日本の場合、金融庁を中心にしてICO・STO案件については厳しい審査を求めているため、海外のような詐欺的ICO案件はかなり少なくなると思われます。これを受けて、日本国内でのICO・STO案件も、これからは増えていく可能性があります。

HYIPへの投資で得た利益の税金はこう考える

HYIP(ハイプ)とはHigh Yield Investment Programの略で、「高収益投資プログラム」と言われています。要は投資信託のようなもので、不特定多数の投資家から集めた資金をひとまとめにして、暗号資産やマイニングに投資をし、稼いだ利益を分配するというもの

7　過去にもZaifで実施したZaifトークン、COMSA、こばん(RYO)などICOは行われていますが、金融庁が規制を強めてからはほぼ行われていません。

図24　HYIPの一例

名称	内容
ライトライズ	イギリス政府公認で月利40％と言われていた。高速道路の速度超過を取り締まるシステムを開発し、罰金の40％を投資家に配当として還元するというものだったが、運営会社は倒産してしまい、詐欺だったことが判明した。
USIテック	暗号資産のトレードやマイニングによって収益を確保し、購入した投資家に対しては日利で1％を支払うというもの。すでにサイトも閉鎖され、投資家の資金が一切戻らない可能性も。他に同社はTechcoinというトークンも発行していたが、こちらもサイトが閉鎖されている。
ビットクラブネットワーク	ビットコインのマイニングによって収益を確保し、投資家に配当を還元するというもの。しかし、昨今の暗号資産の価格急落の影響を受けてマイニングが進まない状況になり、配当の支払いも滞っているとの噂もある。
プラストークン	暗号資産を預けておけるウォレットで、ここに暗号資産を置いておくと、1カ月で10％の配当が得られると言われている。配当の根拠は、投資家から集めた暗号資産でアービトラージ（裁定取引）を行い、それによって得た運用益を配当に充てるとしている。こちらもウォレットから暗号資産の引き出しができなくなっており、ポンジースキームの疑いがあると報道された。
WoToken	仕組みはプラストークンと同じで、ウォレットに投資家から暗号資産を入金してもらい、それをアービトラージすることによって配当の収益を捻出する。毎月、6～20％の配当収益が得られるという触れ込みになっている。

出典：いずれも2020年1月段階での状況を記載（筆者調べ）

8　STOは、株式や社債などのような有価証券をトークンの形で配布することで資金調達をする方法です。日本国内では有価証券と同様の規制がなされます。

です。（図24）

「日利〇〇%」というような、非常に高利回りを事前に提示して資金集めをしているケースがあります。また、ネットワークビジネスのような仕組みを取り入れ、紹介ビジネスになっているケースも多いようです。しかし、実際に配当がされなかったり、事業の途中で連絡が取れなくなったり破綻するなどというケースが散見され、多くが詐欺的案件と言われているので、まず投資を見合わせるほうがいいと思います。

とはいえ、100パーセントすべてが詐欺とも言えないので、ここではとりあえずそういうスキームの投資商品があったらという前提で、HYIPから得られた収益に対する課税がどうなるのかを考えてみたいと思います。

実際の契約書の内容次第で、暗号資産の投資にあたるのか、あるいは事業投資にあたるのかなどは確認してみないことには何とも言えません。たとえばマイニングマシンの共同購入であれば間接的な事業投資でしょうし、暗号資産のトレードを委託する形であれば、一応、暗号資産投資と同列に考えることもできるでしょう。

ただ、投資信託のような金融商品と同列に扱うことは適切ではありません。[9] したがって、HYIPへの投資で得られた収益は基本的には**雑所得**になるでしょう。

9　将来的にはSTOの一類型として、投資信託型の商品が提供されることもあり得ます。

ちなみに、ＨＹＩＰの多くは海外で組成されており、英語をはじめとした外国語で約款や契約書が作成されていることが多いようです（それすらもないケースも多々ありますが）。これらの外国語で書かれた内容をきちんと理解して投資している方はどれくらいいらっしゃるのか、疑問に思うところでもあります。

暗号資産を貸し付けて利息を得た場合の税金を考える

暗号資産取引所によっては、保有している暗号資産を取引所に一定期間預けることで、期間満了時に暗号資産を報酬としてもらうことができる仕組みがあります。一般的にはレンディング（Lending）と言われているサービスです。レンディングは英語で**貸付**を意味します。商品の内容としては、定期預金を預けることで利息を得るのと同じようなものです。

預金利息であれば、利子所得として源泉分離課税（20・135％）が差し引かれて完了となります。申告・納税する必要は通常ありません。

しかし、暗号資産の貸付は利子所得の対象となりません。利子所得は『預貯金及び公社債の利子並びに合同運用信託、公社債投資信託及び公募公社債等運用投資信託の収益の分配に係る所得』と定められています。当然、暗号資産のレンディングによる報酬は含まれていません。

この場合の取り扱いは税制上明確ではありませんが、私は**報酬を受け取った時に、その時のレートで計算した額を収益計上すべき**と考えています。厳密にいえば、貸付（レンディング）は預ける際に期間が決まっていることが多いため、収益額をその期間に割り振ることも考えられます。しかし、実際に受け取ってからでないと日本円での収益額は確定しませんので、受け取った際の収益計上、申告・納税でよいと考えます。個人であれば雑所得となるでしょう。

暗号資産のステーキングによって得た所得の利益はどう考える

暗号資産の独特の取引にステーキングがあります。ステーキングとは、保有する暗号資産を保有したままブロックチェーンの運用に貢献することを言います。通常、ブロックチェーンの運用のためには、マイニングを行い、計算処理に貢献したマイナーに報酬が支払われる仕組みになっていますが、ステーキングは直接計算処理に参加するのではなく、自身の保有する暗号資産を固定化する（預ける）ことで貢献する方法です。

仕組みの説明は非常に難しいので省きますが、ステーキングを行えば、マイニングをしたのと同様に新規発行された暗号資産を報酬として受け取れるということになります。報酬は、より多くの暗号資産をステーキングした人がより多く配分される仕組みとなっているようです。

なお、ステーキングは自分の好きな時に預けたり引き出したりできる場合と、期間を定めて預け、期間満了までは引き出せないものがあります。また、報酬も随時付与される場合もありますし、期間が決まっている場合は期間満了時に付与される場合もあります。

これも税制上の取扱は明確ではありません。私は、マイニングのように新たに生成された暗号資産を報酬として受け取るため、マイニングと同様に**報酬を受け取った時に収益として計上する**ことになると考えています[10]。

問題は経費になるものがあるかどうかです。ステーキングは保有する暗号資産を固定化する（預ける）ことでもらう報酬です。この預けた暗号資産はいずれ引き出して自分のものとして使うことができますので、経費にすることはできません。またマイニングと異なり、マシンを購入する必要もありません。したがって、経費に計上できるものは**ほぼない**と言っていいでしょう。

10　なお、ステーキングの報酬は、そのトークンの時価総額が変わらないのであれば、トークンの新規発行により個々のトークンの価値は下がり、ステーキングによって得た新規トークンとあわせて価値の総額が同じになるから、報酬受取時には新たな価値を得ていないため、取得原価ゼロとし、売却時に収益計上すべきとの論者もいます。

コラム②

なぜ資金流出問題が起こるのだろう？

２０１８年9月20日、外部からの不正アクセスによって、暗号資産取引所であるＺａｉｆから、67億円相当の暗号資産が不正流出しました。

この手の事件は枚挙にいとまがなく、過去、日本国内だけでも複数回、発生しています。たとえば２０１４年2月、渋谷に拠点を構えるマウントゴックスで、１１４億円相当のビットコインが消失しましたし、２０１８年1月には、その時の流出額をはるかに超える５８０億円相当の暗号資産ＮＥＭが、コインチェックから流出しました。

でも、よくよく考えてみると不思議な話です。なぜなら、「ブロックチェーンはデータの改ざんができないので絶対安心」などと言われているからです。そうであるにもかかわらず、なぜ不正アクセスが生じるのでしょうか。

確かに、ブロックチェーンに記録されている情報を改ざんするのは、不可能に近いといっても良いでしょう。

「ブロックチェーンとは、一定の取引情報が入ったブロックが時間の経過とともに次々に生成され、それがチェーン状につながっていくものですが、その安全性について一般的に言われている

のは、
「ブロックチェーンに記録されている取引情報を改ざんし、記録されている取引をすべて自分のものにするためには、過去からつながっているブロックに書き込まれているデータをすべて改ざんしなければならず、しかも、その間にも新しいブロックがどんどん生成されて先に伸びていくため、ブロックの生成を超えるスピードで改ざんしなければならず、それを実現するには、世界中のコンピュータを集め、フル回転で計算させなければならない」ということです。

要するに、現実問題としてブロックチェーンに記録されているデータを改ざんすることは、少なくとも現在のコンピュータでは不可能ということになります。

では、なぜそれだけ安全性の高いブロックチェーンに記録されているはずの暗号資産が、いともたやすく外部に流出してしまうのでしょうか。

実はブロックチェーンに記録されている情報でも、簡単にアクセスできる方法があるのです。それは秘密鍵を盗み出すこと。秘密鍵さえ持っていれば、誰でも簡単にブロックチェーンに収められている暗号資産の情報にアクセスし、それを動かすことができてしまうのです。

そうなると、誰が秘密鍵を持っているのかという話になるわけです。暗号資産取引所の場合、販売所や交換所としての決済のため、一定量の暗号資産をすぐ送受金できるようホットウォレットで管理しています。したがって多くの資金流出事件は、何者かが暗号資産取引所のコンピューターをハッキングし、秘密鍵を盗み取りこのホットウォレットに外部の誰かが侵入し、秘密鍵を奪って、暗号資産を盗み出したのです。

また一部では、取引所内部の犯行ではないかという意見もあります。

たとえば銀行などのような、お金を扱うところは、何をするにしても複数人によるチェックが極めて厳しく行われています。お札を数えるにしても、常に2人以上で対応して、金額が正確かどうかを照合しますし、お金の入出金をする場合も、銀行員の間で書類が回覧され、受付印、入力印、検印というように、複数の所に担当者の印鑑を押して、ようやく認められます。銀行の金庫を開ける時も、1人が鍵を持って開けようとしても、開かない仕組みになっています。金庫は2人以上が別々の鍵を持ち、それぞれが異なる動作を行うことで初めて開くようになっています。

このように、厳重なまでに二重、三重のチェックが常に行われているのが銀行なのです。

しかし、暗号資産取引所の場合、こうした複数人によるチェックが行われていない恐れがあります。そもそも秘密鍵の管理者が1人しかいなかったら、その人物は自由にブロックチェーンに記録されている暗号資産の記録情報にアクセスできてしまいますし、こうした違法行為をけん制する力も働きません。それこそ、ホットウォレットで管理されている暗号資産を盗み放題になってしまいます。

だからこそ多くの暗号資産取引所ではマルチシグといって、複数人で秘密鍵を管理する技術が採用されています。これは、秘密鍵を管理している複数人のうち3分の2とか、5分の3が承認した時に初めてブロックチェーンの記録情報にアクセスできるというものです。これもどこまで安全か、少々疑問が残ります。

たとえば5人に秘密鍵を付与し、5人のうち3人が承認したらブロックチェーンの記録情報にアクセスできるという定義を作ったとしましょう。

でも、その3人が秘密鍵を持ったまま逃亡したら、常にブロックチェーン上の記録情報は、外部から不正アクセスされる危険にさらされてしまいます。秘密鍵は再発行が認められていないので、この3人が持っている秘密鍵は有効であり続け、3人が共謀すれば、外部から不正アクセスすることで、ブロックチェーンに記録されている情報を抜き取ることは十分に可能です。

こうしたリスクがある取引所のホットウォレットで多くの暗号資産を管理するのではなく、多少不便なところもありますが、大多数の暗号資産をコールドウォレットで管理することが求められるのです（次章参照）。

第3章

まさか！の損失にどう備えるか

暗号資産の損失は値下がりによるものだけではない

暗号資産に投資する際、多くの人は値下がりのリスクを気にすると思います。

暗号資産の中でもっともメジャーなビットコインの値動きを見ても、2017年12月に1BTC=230万円台まで上昇したのが、あっという間に急落し、2019年1月には1BTC=40万円を割り込むところまで下落しました。

暗号資産以外の資産クラスを見ても、たった1年強のうちに80パーセント以上も値下がりするようなものは、ほとんどありません。逆に、条件さえ揃えば価格は暴騰するとも言えます。このため資産を殖やすうえで大いにチャンスではあるのですが、暗号資産を投資対象として捉えている個人投資家からすれば、これだけの値下がりリスクは無視できないでしょう。

しかし、実は暗号資産への投資で損失を被るケースは、価格の下落によるものだけではありません。ほとんど**想定していなかったところで大きな損失**を被るケースがあります。たとえば取引所のウォレットに預けてあった暗号資産が、悪意を持った第三者によって抜き取られてしまったというのは、その典型例です。

この手の事件が初めて大きく話題になったのは、２０１４年に起こったマウントゴックス事件です。渋谷に拠点を構えていたビットコイン交換所のマウントゴックスから約75万ＢＴＣと現金約28億円が消失したという窃盗事件です。

その後も、いくつかの暗号資産取引所から資金が消失する事件が相次ぎました。それも日本国内だけでなく海外においても同様です。

国内ではコインチェック社の資金消失が有名です。ＮＥＭという暗号資産が約５８０億円分も消失したのですから、話題にならないはずがありません。その他、テックビューロが運営しているＺａｉｆ（ザイフ）という取引所からも資金流出しましたし、海外では韓国やカナダ、ロシアの暗号資産取引所からも多額の資金が流出しました。

なかには、暗号資産取引所の自己資金によって、消失した分を穴埋めしてくれるケースもありますが、それは極めて例外であると考えてください。暗号資産は、銀行預金の預金保険機構のように、資産を保全してくれる仕組みを持っていません。ですから消失した暗号資産の行方がわからなくなったら、泣き寝入りするしかありません。

でも、よくよく考えてみれば、暗号資産は株式や債券とは違い、「現金」そのものに似ていることに気づくでしょう。皆さんはお財布に現金を入れているでしょう。そのお財布をどこかに落とし、誰かがそれを拾って交番に届けてくれない限り、現金という失った資産を取り戻すことはできません。暗号資産もそれと同じです。暗号資産を外部に持ち出す際の「コールドウォレット」も、ハッキングに遭って資産を抜き取られるリスクは最小限に抑えられますが、歩いている時にそれを道端に落としたりしたら、現金を落としたのと同じことになります。ついでに言えば、暗号資産は拾ってもその財布（ウォレット）は常に無記名であり、誰が持ち主であるかはわからないという違いもあります。

だいぶ前の話になりますが、まだビットコインが今のようなメジャーな存在になっていない時、自分のパソコンでマイニングをしていた人が、そのパソコンを修理する際に誤って、７５００ＢＴＣ（２０２０年時点で約56億円に相当）ものビットコインを保存したまま、そのハードディスクを廃棄してしまう事件もありました。当然のことですが、そのビットコインが戻ってくることはありません。私のお客様でも、リップルを発行時点で購入していたが、そのウォレットアドレスや秘密鍵を記載したメールをなくしてしまい、引き出せないという方を何人も見てきました。

暗号資産を保有していれば、自分自身がこうした事態に直面するケースもあるかもしれません。それによって生じた損失は、税制面で何か**救済**されるのでしょうか。本章では、このようなケースについて考えてみたいと思います。

誤送金をしてしまった場合

誤送金とは、自分が送金したいと考えていた相手とはまったく別の人のウォレットに、送金してしまうことです。

「そんなバカな」と思われるかもしれませんが、暗号資産の誤送金はかなり頻繁に起こっています。ＡＴＭやインターネットバンキングで法定通貨を送金する場合も、誤送金をしてしまうことは結構あるのですが、暗号資産を誤送金してしまうリスクは、それよりもかなり高いと思われます。

ＡＴＭやインターネットバンキングでの振込の場合、基本的に送金先の名前などの情報が画面に表示されるので、ある程度、誤送金のミスを抑えることができます。また、仮に送金後に受取人の名前が入力した内容と異なる場合には送金失敗となることで、相手に着金せずに済むことも多くあります。しかし暗号資産の場合、送金したい相手のウォレットアドレスを入力するのですが、全般的にウォレットアドレスは27～34文字という長い文字を入力しなければなりません。一例を挙げると、以下のようになります。

14q1uDiSRkliHez3XaXoAZoWKBgKzhcwUa

非常に不規則かつ複雑な文字列になっているので、当然のことですがこれを暗記できる人もいないでしょう。したがって、通常は送金先のウォレットアドレスを所定のところに入力する時は、コピー&ペーストで行います。

ところが、コピー&ペーストをする時の操作をちょっと間違えて、余計なところにスペースを空けたり、一文字分だけ抜けたりすると、送金先とはまったく関係のないウォレットに送金指示をしてしまうケースがあります。それが少額資金なら問題ありませんが、数十万円、時には数百万円といった高額なケースもあり、悲惨な事態に陥ります。

ATMやインターネットバンキングで誤送金をしてしまった場合は、**「組戻し」**という手続きを踏むことによって、誤って送金したお金を返してもらえる可能性があります。誤って送金した先が自分の知り合いであれば、直接交渉によって返金してもらえるでしょう。もし知らない相手に送金してしまった場合でも、銀行が仲介役となり、間違えて送金した相手に組戻し取引に応じるよう連絡してもらうことも可能です。

ただし、相手が組戻し取引を否定してきた場合、銀行はそれ以上の手続きは執行できないので、間違って振り込んだ相手が悪ければ、返金されないケースもあります。

暗号資産を誤送金してしまった時の問題点は、銀行のような第三者を挟んでの交渉がまったくできないことにあります。送金先のウォレットアドレスが残っていたとしても、もともと無記名のものですから、それ以上の情報はありません。メールや電話で連絡を取り合うこともできないでしょうし、そもそも送金先が日本国内ではなく、全世界どこであるのかもわかりません。したがって、暗号資産を誤送金してしまった場合、ほぼ100パーセント、**返金は不可能**と思ってください。だから、送金する際には相手先のウォレットアドレスを複数回、確認したうえで実行することが大事なのです。

さて、誤送金は送金した本人からすれば、間違いなく損失です。送金する目的があるのだから、誤送金が判明した後、同じ金額を正しい相手に送金し直さなければなりませんし、完全な二重払いになるわけです。

しかし、誤送金によって損失を被った場合、税金面でのリカバリーは基本的にないと思ったほうが良いでしょう。**雑所得の損失**になるのではないかとも考えられますが、誤送金の場合、売買によって生じた損失ではないので、直接的には雑所得の損失扱いにはなりません。

もし仮にできるとしても、それが誤送金であるという証明もできない点がネックです。

そもそも誰が持っているウォレットアドレスであるのかが不明であることから、誤送金の証明はまさに**悪魔の証明**、難しいものとなります。したがって、損失計上ができないとお考えください。

詐欺に遭ってしまった場合

暗号資産に絡んだ詐欺事件はたくさんあります。実際に経験したことのある方もいらっしゃるのではないでしょうか。前述したHYIP（ハイプ）やICO、マイニングサービスという名目で、さまざまな手法の詐欺が存在しています。

たとえば、あるプロジェクトを実行するのに必要な資金をICOで調達しますという業者がいて、そのプロジェクトの内容が素晴らしいと思ったあなたは、そのICOに申し込んでビットコインを送金しました。ところがいつまで待っても、ICOによって新たに発行されたトークンは上場されません。あるいはそもそもトークンも発行されず、そのままプロジェクトも実現されることなく解散あるいは連絡が取れなくなるというケースは、たくさんあります。実際に多くの投資家の方から、このような事案を相談されています。

問題は、これを**詐欺であると立証するのが非常に難しい**ところにあります。それに、

ＩＣＯは海外で行われるケースが大半なので、「騙された！」と思ってから相手を問いただそうとしても、非常に難しい面があります。そもそも相手がどの国の、どの地域にいるのかも特定できないでしょう。仮に住所などが判明したとしても、それが本物の所在地である保証はどこにもありません。さらに法的手段をもって取り返すにも、相手の所在地の法規制も含めた対応をしなければならず、コストも多くかかることもあって、現実的ではないと思います。

これと同じく、「年１００パーセント以上のリターンが期待できます」という触れ込みで資金を集めるＨＹＩＰや、「マイニングマシンがなくても会員になればマイニングの成果が受け取れます」といって会費を大勢から集めるマイニングサービスなど、さまざまな詐欺的商法があります。その大半が、前述したように海外を拠点にして行われているので、ＩＣＯと同じように、仮に詐欺業者だったとしても、彼らを追い詰めるのはほぼ不可能です。自己防衛をするためには、怪しいと思われるものやうまい話には**乗らない**ことです。

では、詐欺に遭って損をした場合、その損失は税法上、何らかの救済措置があるのでしょうか。

これも残念ですが、**詐欺に関してはまったく救済措置がありません**。損をしていることは確かですが、売買による損失ではないため、雑所得の損にすることは難しいでしょう。通常、詐欺については雑損控除も適用されないため、税金の面でも泣き寝入りになってしまいます。なので、とにかくこの手の詐欺には引っ掛からないようにしましょう。

なお、一応、暗号資産取引所に上場し、市場取引がなされた後、すぐにレートが下がり、二束三文になった、というケースでは、売却して損を確定させれば少なくとも雑所得の計算上、損を計上できることになります。変な話、どんなに価値が下がったとしても、一応取引所に上場してさえいれば、詐欺よりはマシ、とも言えます。

盗難に遭ってしまった場合

自分のコインが盗難に遭うというケースも、あり得るでしょう。ありがちなのは、自分の暗号資産（トークン）を取引所のウォレットに置いたままにしていたところ、その取引所のホットウォレット[1]が外部からのハッキングに遭って不正に資金が流出したケースです。（図25）

前述したように国内では２０１４年に約１１４億円がマウントゴックス社から流出したのを発端にして、２０１８年１月に約５８０億円がコインチェックから流出。２０１８年

1　ホットウォレットとはオンラインに繋がっているウォレットをいい、反対の概念としてコールドウォレットがあります。コールドウォレットは、USBメモリのような形のハードウォレットや、秘密鍵をＱＲコードにして紙に印刷して保管するペーパーウォレット等があります。

図25　暗号資産取引所のハッキング・流出事件の例

月日	被害に遭った取引所（国）	被害額	流出した暗号資産
2011年7月	MT.GOX（日本）	約330万円	ビットコイン（BTC）
2011年10月	Bitcoin7（アメリカ）	約550万円	ビットコイン（BTC）
2012年9月	bitfloor（アメリカ）	約2750万円	ビットコイン（BTC）
2012年11月	BitMarket（ポーランド）	約2860万円	ビットコイン（BTC）
2013年5月	Vircurex（中国）	約5.5億円	ビットコイン（BTC）／テラコイン（TRC）／ライトコイン（LTC）
2013年11月	nputs.io（オーストラリア）	約1.3億円	ビットコイン（BTC）
2013年11月	BIPS（デンマーク）	約1.1億円	ビットコイン（BTC）
2013年11月	PicoStocks.com（デンマーク）	約6.6億円	ビットコイン（BTC）
2014年2月	MT.GOX（日本）	約114億円	ビットコイン（BTC）
2014年10月	poloniex（アメリカ）	約5500万円	ビットコイン（BTC）
2014年10月	Cryptsy（アメリカ）	約9.9億円	ビットコイン（BTC）
2014年10月	mintpal（イギリス）	約2.2億円	ヴェリコイン（VRC）
2014年10月	bitpay（アメリカ）	約2億円	ビットコイン（BTC）
2014年10月	mintpal（イギリス）	約1.7億円	ビットコイン（BTC）
2015年1月	Bitstamp（イギリス）	約48億円	ビットコイン（BTC）
2015年2月	796Exchange.com（中国）	約2,530万円	ビットコイン（BTC）
2015年2月	BTer.com（中国）	約1.9億円	ビットコイン（BTC）
2016年8月	Bitfinex（香港）	約77億円	ビットコイン（BTC）
2017年4月	YAPIZON（韓国）	約5.8億円	ビットコイン（BTC）
2017年4月	YouBit（韓国）	総資産の1.7%	ビットコイン（BTC）
2017年12月	nicehash（スロベニア）	約76億円	ビットコイン（BTC）
2018年1月	CoinCheck（日本）	約580億円	ネム（XEM）
2018年2月	BitGrail（イタリア）	約210億円	ナノコイン（Nano（XRB））
2018年4月	Coinsecure（インド）	約3.6億円	ビットコイン（BTC）
2018年6月	Coinrail（韓国）	約44億円	プンディ（NPXS） アトミックコイン（ATC） エヌパー（NPER）
2018年6月	Bithumb（韓国）	約35億円	ビットコイン（BTC）イーサリアム（ETH）など11通貨
2018年9月	Zaif（日本）	約70億円	ビットコイン（BTC）ビットコインキャッシュ(BCH)モナコイン(MONA)
2019年1月	Cryptopia（ニュージーランド）	約17億円	イーサリアム（ETH）
2019年3月	DragonEX（シンガポール）	約6.6億円	ビットコイン（BTC）を含む19種類の通貨
2019年3月	Biki.com（シンガポール）	約1,356万円	不明
2019年5月	Binance（マルタ共和国）	約44億円	ビットコイン（BTC）
2019年7月	BITPoint（日本）	約35億円	ビットコイン（BTC）、ビットコインキャッシュ（BCH）、イーサリアム（ETH）、ライトコイン（LTC）、リップル（XRP）

9月にはZaifから約70億円、2019年7月にはBITPointから約35億円が流出しました。

不正資金流出は国内の暗号資産取引所だけではありません。海外の暗号資産取引所でも頻繁に起こっています。国別で言うと、米国、中国、ポーランド、オーストラリア、デンマーク、イギリス、韓国、インド、シンガポール、マルタ共和国などです。ちなみに流出額でいえば、日本のコインチェックから流出した約580億円がダントツのトップです。

こういった不正資金流出が起こるのは、大半が**外部からのハッキング**によるものです。暗号資産を保有している人は全員、それぞれ異なる秘密鍵を持っていて、それを使うことによって暗号資産を送金できるようになります。つまり、自分の金庫を開ける鍵であり、自分が持っている暗号資産の所有権を証明できる唯一の証明書であるともいえるでしょう。この秘密鍵がハッキングによって盗み出されてしまうと、取引所に置いてある暗号資産は好き放題、抜き取られてしまいます。

もし、盗難にあってしまった場合は、雑損控除を使うことができます。雑損控除とは災害や盗難、もしくは横領などによって、保有資産が損害を被った時に、一定金額の所得控除を受けられるというものです。

ただし、雑損控除を受けるには、対象となる資産の要件を満たす必要があります。具体的には以下のとおりです。

> (1)資産の所有者が次のいずれかにも当てはまること。
> 　a、納税者
> 　b、納税者と生計を一にする配偶者やその他の親族で、その年の総所得金額等が48万円以下の者
> (2)棚卸資産若しくは事業用固定資産等又は「生活に通常必要でない資産」のいずれにも該当しない資産であること。

したがって、取引所から暗号資産が不正流出した事件に巻き込まれた場合は、一定金額まで雑損控除が受けられる可能性があるのですが、この点について国税庁からの見解はまだ出ていません。

また、専門家の間でも意見が分かれています。前出の対象となる資産の要件について、果たして暗号資産が適用されるのかという疑問があるからです。

たとえば(2)の要件でいえば、暗号資産は**「生活に通常必要ではない資産」**とみなされるのではないかという問題があります。これが法定通貨であれば、無条件で生活に必要な資産になるわけです。ところが暗号資産の場合、法定通貨を持っていれば絶対的に生活に必要とされる資産ではないと考えることもできます。その解釈が成り立てば、暗号資産が盗まれた場合、雑損控除が受けられないことも考えられます。また、現在の税制では、暗号資産を限りなく棚卸資産に近しいものと考えていることもあります。

ちなみに雑損控除の額は、

(差引損失額)−(総所得金額等)×10%……(1)

(差引損失額のうち災害関連支出の金額)−5万円……(2)


そして、(1)か(2)のいずれか大きいほうの金額が控除される金額になります。

また、損失額が大きくてその年の所得金額から控除しきれない場合には、翌年以後3年間を限度にして繰り越し、各年の所得金額から控除できます。なお雑損控除は、他の所得控除に先だって控除することになっています。

ちなみに過去、この手の盗難が生じた後の暗号資産取引所の対応ですが、コインチェックは被害者に全額、日本円で補償しました。

Ｚａｉｆを運営していたテックビューロは、原則として流出した暗号資産と同じ種類の暗号資産で補償したものの、モナコインについては流通量が少なく、流出した分を全額モナコインで補償することが困難だったため、それについては日本円で補償しました。

ビットポイントは、不正流出した分に相当する暗号資産を調達し、流出したトークンでの補償を公表しました。

そして、ここで問題になるのが日本円で補償される場合です。要するに、流出した暗号資産を日本円に換算して補償するわけですが、この換算した時のレートをいくらに設定するかによって、課税されるケースがあります。つまり、取得原価に対して、補償された金額のほうが値上がりしていれば、その値上がり分は雑所得として総合課税の対象になります。また、それとは逆に値下がりしていた場合には、その損失分を雑所得内で損益通算できます。

なお、海外の取引所に置いておいた暗号資産が流出した場合は、国内の暗号資産取引所が行ったのと同様の補償を受けることができるかも不明で、多くは補償されずに終わっているようです。

暗号資産取引所が倒産した場合

自分が保有している暗号資産を取引所に預けた状態で、その取引所が倒産すると、最悪の場合は預けてある暗号資産が返還されないケースが想定されます。したがって、この手のリスクに巻き込まれないようにするためにも、自分が保有している暗号資産は自分自身でコールドウォレットに移して管理しておくのが一番安全です。

とはいえ、頻繁に暗号資産を売買している投資家からすれば、それは非常に手間がかかるので、できることなら取引所のウォレットに預けたままにしておきたいところでしょう。なぜなら保有している暗号資産を売却するたびに、いちいちコールドウォレットから移すのは手間がかかるからです。手間取っているうちに価格が動いてしまい、得られたはずの利益を取り損ねるということも想定されます。

しかし、ホットウォレットに預けたままにしておくと、外部からのハッキングによって、不正に流出してしまう恐れがあります。非常に悩ましいところですが、預けたままの状態で不正流出などを原因に、暗号資産取引所が破綻してしまった場合、預けてある暗号資産はどうなるのかを考えてみましょう。

直近の事例では、Ｚａｉｆを運営していたテックビューロが廃業しました。この時はフィスコ仮想通貨取引所への事業譲渡という形で、Ｚａｉｆの顧客資産が保全される形になったため、顧客資産が棄損する事態は避けられました。

ただ、このケースはたまたまＺａｉｆの顧客資産を引き継いでくれる暗号資産取引所が現れたから、今までと何ら変わることなく保有し続けられた例になります。もし、引き継ぐ暗号資産取引所が現れなかった場合は、そのまま廃業することになり、そこに預けていた暗号資産には、何らかの棄損が生じる恐れが出てきます。特に海外の暗号資産取引所に預けていた場合などは、事前予告もなくいきなり破綻したケースもあります。一定の予告期間を経たとしても、その後はＷＥＢサイトすらなくなり、引き出しも連絡もできないというケースもあります。さらにその取引所の資産を差し押さえようとしても、海外であればその所在国の法制度に基づいて債権者として請求することになり、現実問題として**極めて困難**です。

では、暗号資産取引所が破綻して、預けてある暗号資産に何らかの棄損が生じた場合の税制上の手続きについて説明しましょう。この場合、**貸倒損失**という扱いになり、雑所得上の損失に計上できます。ただし、貸倒損失を計上するための要件を満たさなければなりません。取引所に預けてある暗号資産は金銭債権、または貸付金（預け金）と同じ扱いになると思われますが、その場合は以下のとおりになります。

1、会社更生法、民事再生法等の規定に基づいて裁判所が下す認可決定によって切り捨てられることとなった部分の金額

2、法令の規定による整理手続きによらない債権者集会の協議決定及び行政機関や金融機関などのあっせんによる協議で、合理的な基準によって切り捨てられる金額

3、債務者の債務超過の状態が相当期間継続し、その金銭債権の弁済を受けることができないと認められる場合に、その債務者に対して、書面により明らかにされた債務免除額

つまり、法的な破綻処理がなされることを前提にしていることがわかります。当然、その取引所が破綻したことを立証できる材料が必要になります。基本的には、破綻した取引所に資産を預けていたことを証明するものがあれば手続きできるでしょう。

また、法的な破綻処理が確認できない場合でも、以下の場合は1円の備忘価額を除いて、貸倒損失を計上することができます。

4、継続取引を行っていた債務者の資産状況・支払能力等が悪化したため取引停止し、その後1年以上経過した場合

5、同一地域の債務者に対する売掛債権の総額が取立費用より少なく、支払を督促しても弁済がない場合

この2つの要件の場合のうち、4、がもっとも利用できそうです。ただ、1年間は貸倒損失にすることができないこと、債務者の資産状況・支払能力等が悪化したことの立証が難しい点が少しネックになります。

とはいえ、どのタイミングで・何をもって証明し貸倒損失の処理ができるのかという問題があるので、税理士に相談することをお勧めします。

ちなみに、この貸倒損失は、事業所得ではない場合、雑所得の中でのみ適用されますので、仮に貸倒損失を認められたとしても、別の雑所得で利益がなければ相殺できません。あくまで雑所得の中でのみ通算（相殺）することができる点に注意が必要です。

暗号資産（トークン）を紛失した場合

自分の管理不注意でトークンを紛失してしまうケースは少なくありません。オンライン上のホットウォレットで自分の資産を管理すると、外部からのハッキングによって自分だけの秘密鍵が盗まれ、大事な資産を奪われてしまうリスクがあります。それを回避する目的でUSB型のコールドウォレットに秘密鍵を保管したりするわけですが、たとえばコールドウォレット自体が破損した場合、秘密鍵を取り出せなくなる恐れがあります。

あるいは、ペーパーウォレットといって、紙に自分の秘密鍵を**QRコード**にして印刷して保管するという手があります。ペーパーウォレットの良いところは、完全にオフラインになるので、外部からハッキングされるリスクを100パーセント遮断できます。問題は紙に印刷されているだけなので、その紙自体を紛失するリスクがありますし、火が付いたら燃えてしまいます。そうなったら、やはり自分自身の秘密鍵がわからなくなり、暗号資産にアクセスできなくなります。

このように、何らかの理由で秘密鍵を失い、ブロックチェーン上に持ち主不明のまま漂流している暗号資産が、相当額あると言われています。

これら暗号資産の一部、もしくは全部を紛失した場合、基本的には税務上損失として計上することはできません。失くしただけですから、暗号資産取引による損ではありませんので、収支計算に含めるのは適切ではありません。次に、前出の雑損控除は盗難・火災等を起因とした場合を対象としており、紛失は対象とされていません。結果として、紛失した場合は税制上は救済措置はない、というのが実際のところとお考えください。

ハードウォレットでの保管はセキュリティ上は優れていますが、くれぐれも紛失・滅失したりしないように、最善の注意を払って保管するようにしてください。

コラム③
暗号資産のジレンマ

暗号通貨がバブル状態で値上がりした2017年末にかけて、暗号資産が法定通貨に取って代わる時代が来るという声が、方々から聞こえてきました。

2019年6月にかけて、それまで1BTC＝40万円前後で低迷していたビットコインの価格が、150万円程度まで一気に回復するなかでも、やはり暗号資産が法定通貨に取って代わるようになるという話が浮上しました。

しかし、そうなるにはまだまだ問題点が多いと言わざるを得ません。

たとえばビットコインの価格は、2019年3月まで1BTC＝40万円程度だったのが、前述したように6月にかけて150万円程度まで上昇し、11月あたりから2019年12月にかけては70～85万円のボックス圏で推移しています。

ここで問題になるのが送金などにかかる手数料の問題です。ビットコインの価格は短期間のうちに4倍近くまで値上がりしたわけです。このように価格そのものが大きく上昇すると、送金などにかかる手数料も跳ね上がります。

そもそも暗号資産の良さは、法定通貨を海外送金するのに比べて比較的短い時間で送金でき、かつ送金手数料などのコストが安く済むことでした。暗号資産の送金手数料は、送金件数が増えれば増えるほど値上がりする傾向があります。需要と供給が反映されるわけです。実際、2017年あたりはかなり送金件数が増えましたが、この時期のビットコインの送金手数料は、1件につき6000円を超えることもありました。これでは法定通貨の送金手数料と大差ありません。

ここが非常に難しいところで、暗号資産の価格が上昇すると、暗号資産を決済手段として考えた場合の利便性が劣化するものの、暗号資産を投機対象としている人たちからすれば、非常にありがたいという状況になります。逆に、暗号資産の価格が下落すると、決済手段としての利便性は高まるものの、投機の対象としての妙味が大幅に後退してしまいます。

価格が上昇して保有者の資産価値が増えるのとともに、決済手段としても非常に利便性が高いとはならないのです。

さらに言えば、暗号資産が普及すればするほど規制が厳しくなり、それが暗号資産のさらなる普及を妨げる力として働いてしまう場合があるという問題もあります。

なぜ普及すればするほど規制が厳しくなるのでしょうか。これは「お金の流れを捕捉しにくい」という暗号資産の特徴によるものです。これを利用して詐欺行為やマネーロンダリングを行う人が後を絶ちません。

これまで行われてきた金融詐欺は、たとえば「年利○パーセント、元本保証」などを謳い、不特定多数の人から資金を詐取するというもので、詐取した資金の送金先は基本的に詐欺師が開設した銀行口座でした。集めた資金を海外に持ち出そうとしても、海外の銀行口座を開設するためのハードルは非常に高く、だまし取ったお金を簡単に海外送金できない現実的な壁がありました。

また運よく海外の銀行に口座を開設できて、そこに資金を移せたとしても、その資金移動が犯罪に絡んだものだとすれば、外交ルートを使ってどの銀行に送金したのかを把握することもできます。

ところが暗号資産の登場は、法定通貨しかなかった時代の詐欺師にとって一番問題だった、だまし取ったお金の移動を、非常に簡単なものにしてしまいました。

最近の詐欺を見ていると、高利回りと元本保証の運用手法をアピールしてお金をだまし取る点は同じですが、そのお金が法定通貨ではなく、暗号資産になっているのです。たとえば「利回り○パーセント、元本保証」という魅力的な条件の運用対象を提示して、それを購入してもらう際に、円などの法定通貨をビットコインやイーサリアムに換えて購入してもらうのです。

この方法によって、犯行を行った人のウォレットには暗号資産がどんどん集まってきます。あとは、そのウォレットを持ったまま逃げてしまえばいいのです。コールドウォレットに移してしまえば、そこから先のお金の流れを把握するのは、警察でも困難を極めます。

このように暗号資産はお金を地下に潜らせるのが簡単なため、アングラ勢力にとっては非常に使い勝手の良いツールになっていたのです。とはいえ、現在はさまざまな追跡・解析ツールが開発されており、全体が捕捉されるようになるのも、時間の問題かもしれません。

こうなると、今度は暗号資産の規制をガチガチに固めてしまえば良いという話になるわけです。ただし、そこまで規制だらけにしたら、今度は暗号資産と法定通貨の違いがなくなってしまいます。結果、暗号資産の普及はますます遅くなり、法定通貨に取って代わるなどというのは、単なる絵空事になってしまいます。

暗号資産を法定通貨並みの利便性によって普及させ、いずれ法定通貨に取って代わるような決済手段にしたいという希望は、暗号資産ビジネスに関わっている人たちなら夢見るところですが、前述したような矛盾点があることを考えると、暗号資産が法定通貨に取って代わるには、まだかなりの時間がかかるものと思われます。

第4章

個人の税金はどうなるの？

所得税の仕組み

所得税と住民税は、日本に住んでいる人なら誰もが申告・納税をしなければなりません。ただ、サラリーマンの場合、毎月のお給料から源泉徴収がされているので、自分が何の税金を払っているのかあまり実感がわかないかと思います。それでも給与明細には必ず「所得税」「住民税」という項目が入っています。所得に対する税金ですから、個人が何らかの便益や財物を供与して金銭や収益を得たものについては、等しく所得税・住民税がかかります。

所得税は国に納める「国税」であり、住民税は市区町村に納める「地方税」です。住民税は基本的には所得税の計算結果に基づき計算される税金であり、通常は所得に対して10パーセントです（自治体によって若干の差があります）。

したがって、以下では所得税について述べていきます。

所得は、その性質に応じて以下の10種類に分かれます。

1、利子所得

2、配当所得

3、不動産所得

4、事業所得

5、給与所得

6、退職所得

7、山林所得

8、譲渡所得

9、一時所得

10、雑所得

これらすべてについて必要経費や所得の計算方法が定められており、年間48万円の基礎控除をはじめ、雑損控除や医療費控除、生命保険料控除、配偶者控除など各種所得控除を行ったうえで、最終的な課税所得が決まります。[1] この課税所得に対して税率を適用して所得税を計算するわけです。その税率は**「超過累進税率」**といって、所得が多くなるにつれて段階的に高くなっていきます。

ちなみに暗号資産の保有によって得た利益については、前述のうち雑所得に当てはまります。次の図26の表は所得税の速算表です。自分の課税所得がわかれば、以下の範囲にあ

1　基礎控除は2019年までは38万円でしたが、2020年から48万円に改定されました。

図26　所得税の速算表

課税される所得の範囲	税率	控除額
195万円以下	5%	0円
195万円超　330万円以下	10%	97,500円
330万円超　695万円以下	20%	427,500円
695万円超　900万円以下	23%	636,000円
900万円超　1800万円以下	33%	1,536,000円
1800万円超　4000万円以下	40%	2,796,000円
4000万円超	45%	4,796,000円

※所得税額＝所得×税率－控除額

わせた税率をかけて、控除額を差し引けば納税すべき税額が計算できます。

つまり、持っていた暗号資産の価格が暴騰して、瞬間に億り人になってしまうと、仮に普通の会社員だったとしても、45パーセントもの高税率が適用されてしまうのです。さらに住民税も考慮すると55パーセントという税率になり、4000万円を超えた部分の所得については、半分以上を税金として納めないといけないことになります。

たとえば、計算しやすいように細かい控除を無視し、月々の給与所得が20万円で、他に何も所得がない人が暗号資産に投資した場合を考えてみましょう。

もし暗号資産の投資で1億円の利益を得

たら、その年の所得税額は1億240万円の所得に対して45パーセントの税率をかけて求められた4608万円から、控除額479万6000円を引いた4128万4000円になります。実に40パーセント程度が税金となる計算です。さらに住民税10パーセントを考慮すると、半分近く納税することになります。**ものすごい額**ですよね。

問題は前述したように、大儲けした暗号資産を売却して、他の暗号資産に乗り換えた後、暴落に遭った場合です。もし暴落した暗号資産を売却せず、損失を確定できていない場合は、どれだけ大きな含み損を持っていたとしても、実現している損益は1億円の利益になりますので、計算上は4000万円超の所得税を支払わなければならないことになります。

暗号資産を投資対象と思っている人にとっては、かなりの**重税感**です。というのも、預貯金であれば利息に対して20パーセントの源泉分離課税で済みますし、上場株式の値上がり益や投資信託の分配金および値上がり益に対しても、やはり税率は20パーセントの源泉分離課税で済むからです。暗号資産への投資によって得た収益は、前述したように雑所得扱いですから、他の所得と合算したうえで課税所得額を算出し、前述の所得税率を掛けて計算されます。結果、利益の額によっては物凄い税額を納めざるを得なくなるのです。

雑所得ってなんだ?

繰り返しになりますが、暗号資産の売買などによって得た収益は雑所得になります。

では、雑所得とはそもそもどのような所得なのでしょうか。これは、前述した10種類の所得のうち、雑所得を除く9つの所得のいずれにも属さない所得は、すべて雑所得に分類されます。

たとえば執筆を生業(なりわい)にしていない人が受け取った原稿料や印税、講演を生業にしていない人が受け取った講演料、ネットオークションやフリーマーケットによって得た売上、外貨預金の為替差益部分などが雑所得に分類されます。

この雑所得には2つのポイントがあります。

ひとつは損失の繰越ができないことです。たとえば雑所得での損が大きく、合計で損失だった場合、その損失分を翌年以降の雑所得から差し引くことができません。つまり、暗号資産の取引で大損を被り、マイナスが生じたとしても、そのマイナス分を翌年以降に繰越すことは認められていません。

また、他の所得との間で損益通算させることも認められていません。損益通算とは、たとえば給与所得が400万円で、他の所得で100万円の損失が生じた時、その差し引きによって課税所得を300万円にできるというものです。ところが雑所得はマイナスの場合の損益通算が認められていないので、仮に雑所得で100万円の損失が生じたとしても、課税所得は400万円のままになるのです。

もうひとつのポイントは、雑所得で計上できる経費は、その雑所得を稼ぐのに**直接**かかったもののみが認められます。これが法人税の場合や、所得税のなかでも事業所得に関しては、交際費や会議費、交通費など幅広く経費計上が認められます。しかし雑所得の場合、この手の経費は原則として認められません。逆に暗号資産を取引するうえでの必要経費として認められるものは、以下のものが考えられます。

1、売買手数料
2、暗号資産取引所での入出金にかかる手数料
3、暗号資産投資関連書籍の購入費
4、暗号資産投資に関するセミナーの参加費、交通費

ざっとご覧になるとわかると思いますが、経費として認められる範囲は非常に限られていて、これらを積み上げたとしても、年間の経費としてはそれほど大きな金額にはなりません。

パソコンの購入費やスマートフォン代、通信費等も計上できそうですが、実際に「暗号資産取引に直接必要」である経費とは言いにくく、雑所得の経費でまるまる計上することは難しいでしょう。できたとしても**家事按分**といって、自分の個人的な費用（家計分）と経費部分（事業）の比率を計算し、一部を経費に計上する程度まででしょう。したがって、計上できてもほんの少しだけ、となります。なお、マイニングをしている場合には、マイニングをするためのパソコンの購入費や通信費は計上できます。

ちなみにパソコンの購入費については、10万円以上の場合、減価償却することになるので、単年度で一括経費処理をすることができないことには注意してください。

いずれにしても、雑所得の経費はかなり限定的であることを覚えておいてください。

とはいえ、経費であることをきちんと証明できれば、収入からその分を費用として差し引けるので、領収証など、できるだけ経費として証明できる書類を残すように心がけましょう。

ちなみに、年末調整を行った給与所得者の場合は、年間20万円までの雑所得があっても確定申告不要です。つまり、他に何の所得もなく、暗号資産の取引で得た利益額が20万円までならば、確定申告が不要となり、実質的に課税対象になりません。

暗号資産の利益を事業所得にできる？

暗号資産の利益は雑所得という話をしてきましたが、場合によっては事業所得にできる可能性もあります。

事業所得とは、農業、漁業、製造業、卸売業、小売業、サービス業、その他、何かしらの事業を営むことによって得た所得のことです。雑所得か事業所得か、その境界線は曖昧（あいまい）で、事業所得として申告したら、税務署から雑所得だとして修正を求められたという話もあります。

具体的に、事業所得として認められるためには、その事業について以下の要件が必要になります。

- **営利性・有償性の有無**
- **継続性・反復性の有無**
- **自己の危険と計算における事業遂行性の有無**
- **その取引に費やした精神的・肉体的労力の程度**

- **人的・物的設備の有無**
- **その取引の目的**
- **その者の職歴・社会的地位・生活状況**
- **事業開始届の税務署長への提出**
- **（青色申告を選択する場合）青色申告承認書の税務署長への提出**

事業所得にすることのメリットは、10万円、55万円または65万円の青色申告特別控除を利用できることや、事業によって赤字が生じた時は、給与所得等他の所得から損失分を差し引いて所得税を計算できる（損益通算ができる）こと、青色申告の場合は損失を3年間繰り越せることなどが挙げられます。また経費についても、雑所得に比べると、より広範に認められており、雑所得のデメリットがほぼ解決できます。したがって、できることなら事業所得にしたいところです。

では、暗号資産への投資で得た収益を事業所得に本当にできるのかということです。事業所得として認められるための要件に照らして考えると、**専業**投資家にならない限り、認められる可能性は非常に低いと思われます。通常、多くの方は本業をお持ちで、暗号資産投資だけで生計を立てている方は少ないはずですから、大半の人にとって、暗号資産への投資によって得られた収益を事業所得として申告しても、税務署から否認（ひにん）されることになります。

また専業投資家として暗号資産に投資したとしても、取引の規模が小さいと、やはり事業所得として認められないでしょう。暗号資産投資で事業所得として認める場合の事業規模がいくら程度かについては、税務当局もはっきりしたラインを提示していません。ただし過去の事例では、株式投資でも投機的であるとして事業所得での計上を否認されている例があります。参考までに、不動産賃貸業での事業的規模になる基準を示しておきましょう。それによると、おおむね貸室10室以上または5棟以上とされており、そこそこ高いハードルが設定されています。これが暗号資産の場合はさらに投機的であるとして、もっと厳しくチェックされることになるでしょう。

そのくらい、暗号資産を保有することで得られた収益を事業所得にするのは難しいということです。

なお、もともと事業所得のある方が、その事業に付随して暗号資産の売買を行い、その結果として出た損益は事業所得に含めてよいことになっています。たとえば、美容室でカット代金をビットコイン決済で受け取っていたとします。このビットコインを法定通貨に替えるために売却した際に、値上がり（または値下がり）していて利益（または損失）が出た場合、事業に付随して出た損益となりますので、事業所得に入れてもよい、というわけです。

雑所得を無理やり事業所得として申告するくらいなら、最初から**法人成り**をして、法人として暗号資産への投資をしたほうが有利になります（詳しくは次章）。

海外取引でも申告納税は必要

一部では、「海外の暗号資産取引所を使えば、日本で税金を申告する必要がない」というウワサが、まことしやかに流れています。が、それは**完全に誤った認識**ですので注意が必要です。たとえ海外の暗号資産取引所を利用していても、日本居住者は海外での投資で得た利益についても、日本での申告・納税が必要です。このように、日本居住者である以上、日本国内で得る所得、および日本国外で得る所得の両方とも、日本において申告・納税することを**「全世界所得課税」**と言います。

海外の暗号資産取引所に作った口座は、日本の税務署ではほとんど把握できないので、申告しなくても大丈夫と言う人もいます。

日本の国税庁は、租税条約にもとづいた情報交換によって、海外の税務当局に情報提供を要請し、必要な情報を収集できることになっています。現段階では暗号資産取引については対象になっていませんが、当然、今後は対象になっていくと思われます。

確かに、海外の暗号資産取引所の中には、本人確認を取られることなく利用できるところもあります。しかし、だんだんとKYC（本人確認資料）の提出が求められるようになったり、日本国籍だと開設できない取引所が増えてきたように思いませんか？　日本政府が暗号資産取引所に対する規制を強めており、日本居住者向けの営業を行っていると思われる暗号資産取引所に対する警告を積極的に発しています。そのおかげで、日本居住者向けの営業をやめたり、日本語のサイトを閉鎖した取引所があることは皆様もご存知でしょう。

すでに日本の税務当局には日本の暗号資産取引所から顧客情報を提供されていると思われます。海外の暗号資産取引所を利用するに際しては、日本の暗号資産取引所から海外の暗号資産取引所に、ビットコインなどメジャーな暗号資産を送金する必要があるので、この履歴から海外の暗号資産取引所を使っていることが判明します。そのうえで、租税条約に基づく情報交換が開始されれば、どのような事態になるかは皆様も想像できるでしょう。当然、申告していなければ、日本の税務当局から申告漏れを疑われる恐れは十分にありますので、必ず確定申告するようにしてください。

ちなみに、日本国内での申告・納税義務は、**日本の居住者に限定**されます。たとえ日本人でも日本の非居住者で、かつ日本国内に恒久的施設を持っていない場合は、申告する必要はありません。つまり課税されることはありません。

なお居住者と非居住者の違いですが、日本の所得税法によると、「居住者」は国内に「住所」を持っているか、現在まで引き続き1年以上「居所」を持っている個人のことを指しており、居住者以外の個人を「非居住者」と規定しています。

ここでいう「住所」は、個人の生活の本拠を指しており、生活の本拠かどうかは、その人の生活の中心がどこかによって判定されます。また「居所」は、「その人の生活の本拠ではないが、その人が現実に居住している場所」と定義されています。

日本人でありながら、香港やシンガポールなどの永住権を保持しており、日本の非居住者になっている人は少なくありません。長期間、海外に赴任している人も日本の非居住者になるのが普通ですが、居住者、非居住者の判断は個々人の実態に合わせて判断されるので、必ずしも非居住者扱いになるとは限らない点に注意が必要です。詳しくは税務署、または税理士に確認してください。

第三者に暗号資産を譲渡した場合の税金

一般的に譲渡所得とは、土地や建物、株式、ゴルフ会員権などの資産を譲渡することで生じる所得を指しています。ただし事業用の在庫である棚卸資産や、山林などを譲渡したことで得た所得は、譲渡所得になりません。棚卸資産を売却して得た所得は「事業所得」または「雑所得」ですし、山林の譲渡で得た所得は「山林所得」に該当します。

暗号資産を第三者に譲渡したことで値上がり益を得るのは、株式を他の投資家に売却して値上がり益を得たのと似ているので、譲渡所得にしたいという気持ちはあるでしょう。なぜなら雑所得で課税されるよりも、譲渡所得のほうが税制上のメリットがあるからです。

譲渡所得の金額は、次のように計算します。

収入金額－（取得費＋譲渡費用）－特別控除額＝課税譲渡所得金額

土地・建物や有価証券以外の譲渡所得の場合、特別控除額は最大で50万円となります。この課税譲渡所得金額に対し、雑所得と同様に給与等他の所得と合算して税額を計算する、総合課税となっています。雑所得と比較して有利なのは、50万円ではありますが、特別控除額があることです。

そもそも譲渡は、譲渡先から一定の対価を受け取って資産を譲り渡すということです。確かに暗号資産についても、譲渡先から対価を受け取って譲り渡せば、「譲渡」と言えなくもありません。

しかし、日本の税法上、暗号資産の売却益は譲渡所得ではなく雑所得であると明確に定められています。したがって、残念ながら譲渡所得で少しでも節税をしたい、ということはできません。

暗号資産を贈与した場合の税金

贈与の扱いをどうするかについては、平成31年度の税制改正で明確になりました。

基本的に贈与については、贈与した側と、された側の双方が課税される**ダブルパンチ**となります。贈与した側については、贈与日のレートで暗号資産を売却したことと同じ扱いになり、その時点の価格が購入時の価格に比べて値上がりしていれば、その値上がり益が課税所得となり、雑所得となります。

これが、いわゆる**「贈与時のみなし譲渡の適用」**と呼ばれているものです。

この点については要注意です。たとえば株式など有価証券の場合は、贈与した側から贈与を受けた側に取得原価がそのまま引き継がれるので、仮に取得原価に対して贈与時の株価が値上がりしていたとしても、贈与時には贈与者（あげた人）の利益とはみなされず、なんら課税関係は発生しません。

その一方で、受贈者（もらった人）は、その時点で贈与税を支払い、かつその株式を売却した時には、譲渡所得として、贈与者から引き継いだ取得原価と売却時の差額に対する税金を支払うことになります。

このように、株式など有価証券の贈与を受けた場合は、あくまでも贈与を受けた側（もらった人）だけが税金を負担するのに対し、暗号資産の場合は「贈与時のみなし譲渡」が適用されるため、**贈与をした側も課税される**のです。まさにダブルパンチです。このことを知らずに、あるいはネット上にある記事を信用して、暗号資産を自分の子供や孫などに贈与した人もいると聞いていますが、これは完全に裏目に出たと言えます。

税務の理論上、暗号資産の贈与について「みなし譲渡」が適用されるのは十分にありうる話だったのですが、今回の税制改正でそれが明確になりました。過去に贈与をした方についいては、今後の対応について税理士に相談されることをお勧めいたします。

また、これから贈与をしようと考えている人は、少しでも税金の負担を軽くするために、**「相続時精算課税制度」**を検討すると良いでしょう。

生前贈与については2つの方法があります。

第一が**「暦年課税」**と呼ばれているもので、毎年1月1日から12月31日までの1年間に、贈与を受けた側が受け取った財産の合計額が110万円を超えた場合、その超過分に対して贈与税が課税されるというものです。つまり、年間の受贈額が110万円を超えなければ、贈与税は課税されないことになります。（図27）

第二の方法は**「相続時精算課税制度」**と呼ばれているもので、こちらは60歳以上の親や

図27　暦年課税の場合の贈与税の速算表

●一般の場合
（贈与額－基礎控除110万円）×税率－控除額＝贈与税額

基礎控除後の課税価格	税率	控除額
200万円以下	10%	0円
200万円超　300万円以下	15%	10万円
300万円超　400万円以下	20%	25万円
400万円超　600万円以下	30%	65万円
600万円超　1000万円以下	40%	125万円
1000万円超　1500万円以下	45%	175万円
1500万円超　3000万円以下	50%	250万円
3000万円超	55%	400万円

●特例贈与（直系尊属（親や祖父母等）から、贈与を受けた年の1月1日時点で20歳以上の直系卑属（子や孫等）への贈与）の場合
（贈与額－基礎控除110万円）×税率－控除額＝贈与税額

基礎控除後の課税価格	税率	控除額
200万円以下	10%	－
200万円超　400万円以下	15%	10万円
400万円超　600万円以下	20%	30万円
600万円超　1000万円以下	30%	90万円
1000万円超　1500万円以下	40%	190万円
1500万円超　3000万円以下	45%	265万円
3000万円超　4500万円以下	50%	415万円
4500万円超	55%	640万円

祖父母から20歳以上の子供や孫に財産を贈与する際に用いることのできる制度です。相続時精算課税制度を選択すると、受け取った額の合計が2500万円を超えるまで、贈与税が無税になり、超えた場合も超えた部分に対し一律20パーセントの贈与税の負担で済みます。その代わり、贈与者である親や祖父母が亡くなって相続が発生した段階で、受け取った額も相続財産に含めて相続税を計算することになります。

相続時精算課税制度を利用するメリットは、この2500万円まで無税というだけではなく、相続財産としての**評価額を贈与時の価額に固定**できる点にもあります。値上がりが確実と思われる暗号資産であれば、早々に贈与しておけば値上がり益は受贈者（もらった人）のものになり、かつ、相続時まで待つよりも相続税負担を少なくすることができる、というわけです。

金額的には相続時精算課税制度を利用したほうが有利ではないかと思う人もいるでしょうが、暗号資産の場合、前述のとおり贈与した段階でみなし譲渡になるので、贈与した側は贈与日の価格で譲渡したことになり、取得原価との差額が雑所得になる点に注意が必要です。

なお、暦年贈与を行うにはいくつか**注意点**があります。

まず、贈与を行うには、贈与する側、贈与を受ける側の**双方の意思表示**が必要です。たとえば祖父が孫のためを思って、勝手に暦年贈与をしてしまい、孫がまったくその認識を持っていない場合は、贈与は認められず、相続財産とみなされて、相続時の価額で相続税を課税されます。これを回避するためには「贈与契約書」を作成し、双方の意思のもとに贈与が行われていることを立証できるようにしておくとよいでしょう。

また、前述したように暦年贈与は年間１１０万円までなら贈与税がかからないわけですが、だからといって毎年１１０万円ずつ贈与すると、「定期贈与」とみなされてしまいます。何年間かの贈与をまとめて贈与したとみなされて課税される恐れがあるのです。たとえば、１１０万円の贈与を10年間にわたって行っている場合、当初の贈与の段階で１１００万円の贈与契約があり、これを分割して支払っていただけであるとみなされて、１１００万円に対し課税される場合があります。前述のとおり、贈与額が多ければ多いほど、高い税率を適用されてしまうため、大変不利になりかねません。暦年贈与を定期贈与とみなされないようにするためには、贈与するたびに**贈与契約書**を結ぶことに加え、受贈者（もらった人）がしっかり自身の財産として認識し、管理していることが必須です。

いずれにしても贈与は複雑なので、人から聞きかじった程度の知識で勝手に行うべきではなく、やはり税理士とともに慎重に検討したほうが良いと思います。

暗号資産を相続した場合の税金

「相続は争続」などと言われ、相続財産の行方をめぐって骨肉の争いに発展するケースがたくさんあります。暗号資産を相続した場合のトラブルも、おそらくこれからいろいろな形で多発するのではないかと考えています。

たとえば暗号資産の相続で問題になりそうな点としては、価格のボラティリティの高さがあります。

基本的には被相続人が**亡くなった日の価額**で相続財産額を評価することになります。しかし、暗号資産は取引所ごとでレートが異なるので、どこの取引所の相続日のどの時点のレートを選択するのかによって財産評価額が大きく変わる可能性があります。

結果として相続税額も大きく違ってきます。

また、どの時点の価格で相続税額を計算するかを決めたとしても、次の問題としては、暗号資産取引所で価格が形成されているかどうかという問題があります。もちろん、ビットコインやイーサリアムといったメジャーな暗号資産（トークン）であれば常に価格が形成されています。ところが、いわゆる「草コイン」と呼ばれている、非常にマイナーな暗号資産（トークン）になると、取引がまったくなく、そのため相続日に価格がついていないケースもあります。この場合は最後に確認された取引価格で評価を行うことになると考えられます。また、価格がつかないということは法定通貨に替えることも難しく、納税資金を捻出し相続税を納めることが困難になってしまいます。

同じように、法定通貨に換えられないことから相続税の納税に困惑してしまうケースとして、そもそも被相続人が暗号資産を持っていたことを相続人がまったく把握できていなかった、というケースも考えられます。この場合はどうしようもありません。しかも国税庁が国内の暗号資産取引所については顧客リストを持っているので、どこかの段階で指摘され、または税務調査が行われてはじめてわかることも考えられます。

また秘密鍵がまったくわからず、暗号資産を現金化できないというケースも考えられます。これについては国税庁の見解が国会答弁で示されています。あくまでも一般論ということですが、「相続人が被相続人の設定したパスワードを知らない場合であっても、相続人は被相続人の保有していた仮想通貨を承継することになりますので、その仮想通貨は**相**

続税の課税対象となる」[2]ということです。

というのも、「パスワードを知っている、知っていないというような、パスワードの把握の有無というのは、当事者にしかわからない、いわば**主観の問題**ということになってしまうため、課税当局としては、本当のことをおっしゃっているのかどうか、その真偽を判定することは困難であることから、現時点において、相続人の方からパスワードを知らないという主張があった場合でも、相続税の課税対象となる財産に該当しないと解することは課税の公平の観点から問題があり、適当ではない」というのが、国税庁の大まかな見解です。

確かに、「パスワードを知らない」といえば相続税を払わなくてもよいということになったら、仮に知っていたとしても、「知らない」と言って税金逃れをしようとする人がたくさん出てくる恐れがあります。したがって、課税当局としては、このような言い方をするより仕方がないというところでしょう。

ただ現実問題として、パスワードを知らないとか、そもそも暗号資産を保有していたことを知らなかったというのは、相続人と被相続人との間のコミュニケーションが図られていないということになります。ある程度の年齢になって、相続人がある程度固まっている

2　平成30年3月23日参議院財政金融委員会

人は、自分の持っている資産を整理したうえで、どのような種類の資産を持っているのか、口座にアクセスするためにはどのようなパスワードがあるのかなどの情報は、事前にしっかり共有しておきたいところです。

総平均法と移動平均法

暗号資産の税金を計算するのに面倒なのは、通常は取引回数が1回ではないということです。もし、取引回数が年1回なら、誰でも簡単に課税所得を計算できます。ビットコインを例に挙げるなら、１ＢＴＣ＝70万円で買ったものを１００万円で売却して利益を確定させたら、その年の課税所得は30万円です。

でも、おそらくそのような投資家はほとんどいらっしゃらないでしょう。多くの投資家は年に複数回、売買を繰り返しているはずです。そのような場合、1回1回の取引ごとに取得原価を計算し、課税所得がいくらになるのかを計算するのが「移動平均法」と呼ばれる計算方法です。

たとえば1年間を通じて次のような売買を行ったとしましょう。

①１ＢＴＣ＝50万円で１ＢＴＣを購入

②１ＢＴＣ＝70万円で１ＢＴＣを購入
③１ＢＴＣ＝90万円で１ＢＴＣを売却
④１ＢＴＣ＝１２０万円で１ＢＴＣを購入

この事例では、ビットコインの購入が計3回、売却が1回であり、ビットコインを売却した際の価格に対応する取得原価をどのように算出するかで、所得計算の結果が変わってきます。

図28では移動平均法による計算例を、図29では総平均法による計算例を表にまとめたものです。

図28　移動平均法による計算例

順番	購入	売却	損益	残高	平均単価
①	1BTC・50万円			1BTC・50万円	@50万円
②	1BTC・70万円			2BTC・120万円	@60万円
③		1BTC・90万円	90万円-60万円=30万円	1BTC・60万円	@60万円
④	1BTC・120万円			2BTC・180万円	@90万円

この場合、③の1BTCを売却するまでの取得原価は、①と②を合わせた保有数が2BTCで合計取得金額が120万円なので、その平均を計算することによって、取得原価は1BTC＝60万円になります。

図29　総平均法による計算例

順番	購入	売却
①	1BTC・50万円	
②	1BTC・70万円	
③		1BTC・90万円
④	1BTC・120万円	
合計	3BTC・240万円	1BTC・90万円
	平均単価@80万円	

「総平均法」の場合は、1年間を通じて購入した金額の合計を、購入した暗号資産の合計数量で割ることにより、平均の取得原価を求めます。年間を通じた購入は①、②、④なので、その合計金額は240万円になり、購入したビットコインの数量は3BTCなので、平均の取得原価は1BTC＝80万円になります。

したがって、移動平均法によって求められる
課税所得額は、
90万円－60万円＝30万円
であり、総平均法によって求められる課税所得額は、
90万円－80万円＝10万円

もちろん、どちらが良いのかといえば、この事例だけで言えば課税所得額が少ない分、税金が安くなる総平均法かもしれません。が、総平均法の問題点は、この事例にあるように、④のように大きく上昇したところで購入すると、平均の取得原価が値上がりしてしまい、実際の取引実感から乖離(かいり)が生じてしまうことにあります。移動平均法のほうが計算に手間はかかるものの、より取引に即した利益が計算できます。

では、実際にどちらを使えば良いのかということですが、個人については「総平均法」、法人については「移動平均法」で計算することが税法上定められました。

しかし事例にも示したように、暗号資産取引所で通貨を購入するたびに、取得原価と損益を計算するのは非常に手間がかかります。

また、総平均法は計算そのものが簡単というメリットはあります。ですが時々刻々と動いている暗号資産の値動きを必ずしも的確に反映しているとは言えない面があり、変動次第では実際の損益とかけ離れてしまうケースもあります。

なお、移動平均法と総平均法のどちらにするのかについては、**確定申告期限まで**に税務署に**届出**をする必要があります。ちなみに評価方法を届け出をしなかった場合には、個人の場合は法定評価方法として自動的に「総平均法」が適用されます（法人の場合は「移動平均法」が適用されます）。また個人の場合、一度評価方法を選んだら3年経過しないと別の評価方法に変更できない点にも注意してください。

それとともに、税金を計算するうえで何よりも大事なのは価格情報です。買った時の価格、売却した時の価格がわからなければ、申告しようにもどれだけの課税所得があったのか、計算することができません。これから暗号資産に投資しようと考えている人は、売買するたびに、きちんと取引価格を記録しておくか、定期的に取引所から取引履歴をダウンロードするなどの対応をしてください。

また税金を計算するのに、自分が売買した時の価格がわからないという人は、過去に遡（さかのぼ）って価格を調べる必要があります。インターネットで検索すれば過去の価格データを調べることもできますが、問題はどの程度まで遡るかです。あまりにも前の価格情報になると、入手が難しい場合もあります。

もしどうしても自分自身で計算が難しいという場合は、「クリプトリンク」のサイトを検索してみてください（cryptolinc.com）。クリプトリンクは国内外30を超える暗号資産取引所やウォレットの取引をすべて合算して収支計算が簡単にできます。このウェブアプリは、個人向けには無料で提供されているので、暗号資産に投資しているのであれば、一度アクセスしてみる価値はあると思います。

ちなみに計算を代行するサービスも提供しているので、計算や作業が苦手な方でも安心です。

第5章

「法人成り」して投資するという手もある

法人成りってなに？

個人で暗号資産のトレードをしている方は、どのような立場で投資しているでしょうか。会社員として働きながらトレードしている人は、単に資産形成のひとつとして暗号資産を選んでいる方が多いのでしょう。ただし、それを事業として営んでいるとは思っていないと思います。

でも、これが専業のトレーダーだったらどうでしょうか。なかには事業として捉え、会社を立ち上げてトレードをする人もいると思います。とはいえ個人の専業トレーダーの場合、大半の方は法人にしようとせず、トレードをしているのではないでしょうか。

さて、問題は税金です。会社員として働きながら、資産形成の一環として暗号資産を保有している人は、そこで得られた税金を雑所得として申告・納税することになります。これは前章までに幾度となく触れたとおりです。

ただ、同じ個人投資家でも、専業トレーダーになると雑所得ではなく事業所得扱いが認められるケースがあります。いわゆる「個人事業主」です。

もちろん、第4章で記載したとおり、事業所得にする場合、非常に高いハードルがありますが、専業トレーダーとして継続・反復する事業を行っている場合は個人事業主として事業所得での申告が認められる可能性が出てきます。店員を複数人雇い、家族で経営している飲食店や、八百屋や魚屋等の小売業などと同じです。

個人事業主として、暗号資産から得られた利益を事業所得として申告・納税するのを認められるようにするためには、まず税務署に開業届を提出しなければなりません。さらに青色申告承認書を提出することによって初めて青色申告が認められます。届出は手間かもしれませんが、個人事業主になれれば、携帯電話代や家賃、自動車のガソリン代なども一部経費として計上できるなど、税制上のメリットが受けられるようになります。

さて、次に**法人成り**について考えてみましょう。青色申告の個人事業主でも、ある程度の税制メリットは受けられますが、そもそも事業所得とするにはハードルが高いことを考えると、採用するのは現実的ではありません。法人でトレードをする場合、節税をはじめとして、個人事業主にはないメリットがいくつかあります。

以下、暗号資産を法人で取引する場合のメリットというよりも、一般的に法人成りすることで得られるメリットについて整理してみましょう。

第一のメリットは信用度が高くなることです。とはいえ、ここでの目的はあくまでも暗号資産のトレードで得た利益を、いかに有利に税金対策できるかに尽きますから、信用度は基本的に関係ありません。このメリットがありがたいのは、自分で独立して商売をしている人です。

第二のメリットは有限責任になることです。暗号資産のトレードを行うに際して、銀行から借入を行ってまでトレードをする人はおそらくまれでしょうから、この点も暗号資産の投資家には当てはまらないでしょう。

第三のメリットは**税金対策**。ここが大きなポイントです。法人成りによる税金対策や節税のメリットは、大体3つに分けられます。

①役員報酬に給与所得控除が適用される

社長に役員報酬を支払うと、一定の条件を満たせば経費として計上できます。これにより、法人の収益から役員報酬分が経費として引かれ、残った利益に法人税がかかります。加えて役員報酬にも給与所得控除があり、最低55万円、最高195万円が控除されます。個人事業主の場合、全体の収益から経費を引き、そこに所得税がかかりますが、法人だと経費にできるうえに個人段階でも給与所得控除があるので、個人の事業所得で青色申告控除を55～65万円を取るよりメリットが大きいことがほとんどです。

②退職金を損金扱いにできる

個人事業主には退職金の概念がなく、経費計上ができませんが、法人の場合は適正な水準であれば経費として計上できます。なお、個人事業主の場合は小規模企業共済に加入してその掛け金を損金にすることは可能です。ただ、法人でも加入可能なうえに、退職金の支給額の自由度が高い点がメリットになります。

③欠損金の繰越控除可能期間が10年になる

今年の利益で相殺できなかった赤字を翌年以降に持ち越す場合、個人事業主だと青色申告を行うことで翌年以降最長3年間、法人の場合だと最長**10年間**の繰越控除が認められます。

その他、法人成りすることによって、一般的には事業が承継できること、あるいは決算月を任意に決められることなどがメリットとして挙げられます。これらは暗号資産のトレーダーにはあまり関係のないことなので、ここでは詳しくは触れません。

このように、法人成りすることによっていくつかのメリットがあります。やはり一番のメリットは、単なる一個人としてや個人事業主として暗号資産に投資する際に比べると、節税メリットが大きいということでしょう。

ただし、このメリットを活かすためには、別のハードルがあるのも事実です。その点について考えてみたいと思います。

法人成りすることのデメリット

端的に申し上げますと、法人成りするには**コスト**がかかります。また、法人を維持するのにもコストがかかります。つまり、これらのコストを負担しても十分なだけの収益を得られるかどうかが、法人成りするべきかどうかの判断基準になります。

たとえば会社を設立するとなれば設立費用がかかります。株式会社の場合で約25万円、合同会社の場合で約10万円程度は最低限必要です。それもすべて自分で手続きをした場合の話で、設立申請書類の作成などを司法書士・行政書士に依頼すれば、その費用も上乗せされてきます。

また法人を維持していくにもコストがかかります。

まず事務手続きが煩雑(はんざつ)になります。提出しなければならない書類が増えるのです。それを他の人に任せるために社員を雇えば、その人の給料が発生しますし、税理士と契約すれば効果的な節税方法をアドバイスしてもらえるかもしれませんが、同時に月々、および決算月には顧問料を払わなければなりません。ちなみに月々の税理士報酬は2～5万円程度。決算月には20～30万円程度がひとつの目安になります（実際に依頼される作業内容によって大きく異なります）。

また法人税、地方法人税、法人事業税と法人住民税も発生してきます。法人税、地方法人税、法人事業税は所得に対して税率を掛けて求められるものなので、赤字決算の時や欠損があって当期の利益で欠損を解消できない場合は払う必要がありません。

これに対して法人住民税は、法人の資本金別に決められた均等割という税金があるので、たとえ赤字決算になったとしても、この分については負担する義務があります。資本金1000万円以下の場合は年間7万円になります（自治体によって多少差があります）。

そして一番の問題が社会保険に加入しなければならないことです。個人事業主の時は国民年金と国民健康保険への加入が義務付けられていますが、法人を設立すると厚生年金保険と健康保険の加入が義務付けられるだけでなく、その保険料の半分は会社負担になります。当然、従業員を雇えば、その人数分だけ社会保険料負担がかさんできますし、社長1人の会社であったとしても、国民年金と国民健康保険を合わせた額よりも、社会保険料の負担は重くなります。

法人成りするということは、これだけのコスト負担を賄えるだけの収益を上げ続ける必要があります。その自信がある人は、当然のことですが法人成りしたほうが何かと有利です。逆に自信がない人は、法人成りせずに雑所得としての課税を甘んじて受けるか、暗号資産への投資はあくまでも趣味の範囲にとどめておくのが良いでしょう。

法人で暗号資産を取引するポイント

では、法人成りして暗号資産に投資するポイントについて説明していきましょう。主に個人が暗号資産に投資した場合との違いについて整理したいと思います。

まず評価の仕方が違います。

個人投資家の場合、1月1日から12月31日までの1年間で得た利益を課税所得として納税手続きをします。逆の言い方をすると、1度も利益確定をしていなければ、税金を納めなくても良いのです。たとえば、1月1日に購入したビットコインが1ＢＴＣ＝70万円で、それが12月31日に１ＢＴＣ＝１２０万円に値上がりしたとしても、それを売って利益を確定させていない限り、利益が生じたことにはなりません。つまり含み益の状態で持ち続けている分には、税金は取られません。

これに対して法人の場合は、期末の時価評価損益の計上が義務付けられています。[1]

たとえば３月31日を決算日とした法人で暗号資産を売買したとしましょう。新年度の４月１日に１ＢＴＣ＝70万円で購入したビットコインの価格が、翌年３月31日に１ＢＴＣ＝１２０万円まで値上がりしたまま、その後も保有し続けたとします。その場合、それがたとえ含み益だったとしても、３月31日の決算期末で１ＢＴＣ＝１２０万円で時価評価し、50万円の利益が得られたということで、申告・納税する必要があります。企業会計では、基本的に時価評価しなければならないことになっており、暗号資産に関しては税制もこれに倣(なら)っているのです。なお、外国為替も同じで、法人として保有している時は、決算期末に時価評価する必要があります。

もちろん、その時点で含み損が生じている時でもその損を計上することになりますので、利益が減ることになります。

また、取得原価の評価方法について、個人であれば「総平均法」が原則適用となります

1　経過措置として、2020年3月末日までに決算期を迎えた場合で期末時価評価を採用していない場合は、適用しなくてもよい、となっています。2020年4月以降の決算期では強制適用となります。暗号資産証拠金取引のみなし建玉決済も同様です。

が、法人は原則として「移動平均法」を用いて取得原価を計算することになっています。

したがって、法人の場合は暗号資産を長期保有するという投資方法にはあまり向きません。なぜなら、売って利益確定させるにしても、そのまま保有し続けるにしても、いずれにしても決算期末で時価評価をして損益を計上しなければならないからです。1年間で何度も頻繁に売り買いを繰り返すようであれば、個人よりも法人のほうが良いと考えることもできますし、ＩＣＯに積極的に参加している投資家も、法人のほうが良いかもしれません。

なぜなら、ＩＣＯはいつそのトークンが上場されるかわかりませんし、値上がりする率自体が非常に低いからです。投資したトークンが上場されることなく終わった場合や、上場しても値が下がったまままったく上がらないケースでは、最終的には損失を計上することになります。法人なら最長10年間の損失の繰越が認められていますので、翌年以降の取引で利益が得られたとしても、繰り越された損失で利益を圧縮し将来の税額を減らすことができます。

つまり、暗号資産のトレードを頻繁に行っていて、年間で数百万円以上の利益を安定的に生み出し、ＩＣＯも積極的に投資しているような投資家は、法人を設立して暗号資産に投資したほうが有利になる可能性が高いのです。

法人はここで税金対策をする

法人はどこで税金の対策や節税ができるのでしょうか。

前述した部分では、役員報酬に給与所得控除が適用されることや、退職金を損金扱いにできることについて説明しましたが、他にもさまざまな税金対策や節税方法が考えられます。いくつか事例を挙げてみましょう。

法人の税金対策でまず思い浮かぶのが生命保険の活用です。生命保険の保険料はかつて保険料が全額経費（損金）になる商品がありました。

ただ、この税金対策方法はもう過去のもので、税制改正によってこの方法は基本的に活用できなくなりました。

もちろん完全に生命保険を用いた税金対策が不可能になったわけではなく、一定の条件においては可能です。ただし損金として認められるのは年間保険料が30万円まで、または役職員全員加入を前提とした養老保険（福利厚生プラン）であれば2分の1は損金（費用）計上できるといった等、細々とした規定があり制約があります。したがって、個人経営に限りなく近い法人の場合は、保険を利用した税金対策は、少額であればできなくもないのですが、実質的にはほぼ封じ込められたと考えてもよいでしょう。

では、他に方法がないかというと、参考までに挙げておきたいのが**「オペレーティングリース資産」**への投資です。これは匿名組合を組成して、航空機や船舶、コンテナなどのリース物件に投資するというものです。この匿名組合を、海外の減価償却費を短期間で計上できるところにつくることで、1~2年程度で一気に減価償却費を計上することができるため、投資した当初に大きな損金（費用）を計上することができる、というものです。

通常、1口1000万円あるいは1億円といった高額な取引が最低投資額になるので、1回で多額の利益を圧縮し、将来に繰延できるというメリットがあります。

ただし、これらの税金対策は、利益に対する課税の先延ばしであり、今年の利益については減額できても、それが償還される時は利益となるため、そこで課税されることになります。商品の説明ではリース設定期間があり、その満期に対象物件を売却し、その額を出資口数に応じて配当（償還）することになっています。しかし、実際には借主の都合でいきなり償還されるケースもあり、そうなるといつまで課税を先延ばしにできるのか、利用者側ではコントロールできにくい側面もあります。

方法	メリット	デメリット
生命保険の活用	・将来の設計をしやすい ・万が一の保障を得ながら対策ができる	・税制改正で経費計上可能な金額が少なくなった
オペレーティングリース	・短期間で多額の損金を計上することができる	・将来のコントロールがしにくい ・１口の金額が大きい

次に「中小企業退職金共済」、「小規模企業共済」、「経営セーフティ共済」に加入するという方法もあります。

中小企業退職金共済は最大月額３万円まで、小規模企業共済は最大月額７万円まで、経営セーフティ共済は最大月額20万円までで掛け金総額が８００万円に達するまで積み立てられます。いずれも掛け金が損金扱いになるため、掛け金を拠出した期の課税所得を圧縮できます。

「中小企業退職金共済（**中退共**）」は、中小企業のための退職金制度で、従業員ごとに掛け金を設定することができ、掛け金を法人または事業主が負担することで、中小企業にも退職金制度を導入できるようにした国の制度です。一定の条件で掛け金の補助があるなど、手厚い優遇策も用意されています。

しかし、中退共の場合は、そもそも対象者は従業員のみであり、掛け金を拠出した段階で実質的に対象となる従業員の財産となります。そして、従業員が退職した際に、退職した本人に対して払い戻しがなされます。したがって、将来掛け金を負担した法人・事業主にお金を戻すことはできません。なお、個人としては受け取った際に退職所得になりますので、税制面で**優遇**されます。

退職所得＝（受け取った退職金－退職所得控除額※）÷2

※退職所得控除額は、勤続年数1年あたり40万円（20年超の部分は70万円）、最低80万円

この式のように、控除額が大きく、かつ、最後に2分の1に所得が減額されます。そして、退職所得は分離課税ですので、退職所得だけで所得税を計算することになります。

「小規模企業共済」は、この「中小企業退職金共済」の経営者版ともいえるものです。暗号資産投資（旅館業以外のサービス業に該当します）を目的としている場合、常時使用する従業員の数が5人以下の法人・事業主であれば、その役員・事業主は加入することができます。

名称	内容	月額掛金	解約時の取扱
中小企業退職金共済（中退共）	中小企業のための国の退職金制度。従業員が対象。掛金月額の2分の1（従業員ごと上限5,000円）を加入後4か月目から1年間、国が助成する等の優遇もある。	5,000円～30,000円	対象の個人に直接退職金として支払われる（掛け金を負担した法人・事業主には戻ってこない）
小規模企業共済	小規模企業の経営者のための退職金制度。役員・事業主が対象。	1,000円～70,000円	対象の役員・事業主に直接退職金として支払われる
経営セーフティ共済	無担保・無保証人で掛金総額の最高10倍（上限8,000万円）まで借入れできます	5,000円～20万円	40か月以上納めていれば、掛金全額が法人・事業主に戻る

※制度の詳細はそれぞれの公式ホームページなどでご確認ください。

小規模企業共済であれば、事業をやめて役員から退任する際に、それまで掛けた掛け金を元に計算された共済金を退職金として受け取ることができます。20年以上掛けているか、法人の解散による場合、死亡・病気やけがを理由として、あるいは65歳以上での役員退任の場合は、掛けた金額よりも多くの額が共済金として支払われるため、有利です。

この受け取った共済金も当然、退職所得となりますので、前述のとおり個人所得税で**税制優遇**がなされます。

「経営セーフティ共済」とは、取引先事業者が倒産した際に、中小企業が連鎖倒産や経営難に陥ることを防ぐための制度です。無担保・無保証人で掛金総額の最高10倍（上限8000万円）まで借入れできます。また、掛金を12か月以上納めていれば掛金総額の8割以上が戻り、40か月以上納めていれば、掛金全額が戻ります。したがって、前出のオペレーティングリースのような利益の繰り延べ（税金対策）が可能で、なおかつ、解約するのは自分のタイミングで可能ですから、コントロールもしやすい点がメリットになります。

また、法人の節税方法でよく使われるのが、**社用車の購入**です。自動車の場合、金額が高めになるので、1期だけで全額を経費化するわけにはいきませんが、新車であれば自動車の耐用年数である6年間（軽自動車は4年）で減価償却できます。また4年落ち以上の中古車であれば2年間で償却できますので、さらに経費化できる金額が大きくなります。よく値段の下がりにくい中古の高級車を購入することを好む経営者がいるのもこれが理由でもあります。

今まで個人で所有していた車を法人のものにするだけで経費化できるわけで、個人の財布に優しい結果になることはご理解いただけると思います。もちろん、ガソリン代や自動車保険料、車検代等も経費にすることができます。ただ、自動車保険は個人で加入するネット型の商品のほうが圧倒的に保険料が安いため、法人での加入にすると、保険料が割高になりがちです。

なお、社用車の購入はよくある節税方法なので、税務署も目をつけてきます。社用車でありながら個人のためばかりに使っていると、役員報酬とみなされる恐れがあります（この場合、経費にできず、なおかつ個人の所得税の負担も増えます）。大事なことは、車を業務で使っているという運行記録をきちんと残すこと。それがあれば、社用車として認められるでしょう。実際に、個人の車を業務や通勤等で使っている方も多いはずです。検討してみてください。

暗号資産を取引したら会計処理が必要

法人または個人事業主（事業所得）として暗号資産を取引した場合、会計帳簿を作成する必要があります。個人事業主の場合、白色申告であれば簡易的な内容で構いませんが、青色申告を行う場合には、法人と同様の会計帳簿を作成する必要があります。

ではどのようにして作成すればいいのでしょうか。

ここでは期中と期末にわけて述べていきます。

ちなみに損益を表す「暗号資産売買損益」は期中の取引を通算し、最後に利益が出ていれば貸方に計上し営業外利益に、損が出ている場合は借方に計上し営業外損失に計上することになります。

なお、売買時に必要な取引手数料も暗号資産売買損益に含めて計算することで問題ありません。

⑷取引所で暗号資産から暗号資産に交換した場合

借方	貸方
（投資）暗号資産　xxx	（投資）暗号資産　xxx 暗号資産売買損益　xxx

資産としては暗号資産から暗号資産に替わっただけですので、勘定科目としては一緒になります。したがって、実際にはその増減と、それにあわせた暗号資産売買損益を計上することになります。

⑸マイニングやステーキング、レンディングで暗号資産を得た場合

借方	貸方
（投資）暗号資産　xxx	暗号資産売買損益　xxx

マイニングやステーキング、レンディングは、それで得た暗号資産を受け取った際に収益計上をします。この場合、保有する暗号資産が増えると同時に、暗号資産売買損益も利益として貸方に増えることになります。

期中の処理

⑴取引所に法定通貨を預けた時

借方	貸方
預け金　XXX	現預金　XXX

取引所に法定通貨を預けただけですので、資産「預け金」勘定を使います。

⑵取引所で暗号資産を購入した時

借方	貸方
（投資）暗号資産　XXX	預け金　XXX

預け金を暗号資産に換えたので、資産（借方）は「暗号資産」勘定を使います。通常は「投資その他の資産」に該当すると思いますので、「投資暗号資産」としてよいでしょう。決済手段として利用する場合は、「当座その他の資産」として「暗号資産」とすればよいでしょう。

⑶取引所で暗号資産を売却し法定通貨にした場合

借方	貸方
預け金　XXX	（投資）暗号資産　XXX 暗号資産売買損益　XXX

暗号資産を売却して取引所で法定通貨にした場合、資産である暗号資産が減って、預け金が増えることになります。この際に売却損益が生じる場合には、借方（損の場合）または貸方（益の場合）に「暗号資産売買損益」を計上すればよいでしょう。

次に法人だけに求められている期末時価評価について見ていきます。

(7)期末時価評価による評価損益の計上（法人のみ）

借方	貸方
（投資）暗号資産　XXX	暗号資産売買損益　XXX

前述のとおり、法人の場合は期末に保有している暗号資産について時価評価を行い、売買をしていなくても損益を計上する必要があります。含み益がある場合には貸方に、含み損がある場合には借方に「暗号資産売買損益」を計上し、その反対側に、つまり含み益がある場合には借方に「(投資）暗号資産」を計上し増やし、含み損がある場合には貸方に計上して減らすことになります。

なお、翌期首にはこの仕訳の反対の仕訳を計上し、本来の取得原価に直して計算をすることになります。これを洗替法といいます。

期末の処理

期末については法人・個人事業主に共通の処理と、法人だけに必要な処理があります。

まずは共通の処理を見ていきます。

(6)期末棚卸を行って、過不足があった場合

借方	貸方
暗号資産売買損益　xxx	（投資）暗号資産　xxx

期中に自分が計算した結果の残高と、実際の残高が異なることはよくあります。というのも、取引にかかる手数料の計算が漏れていたり、あるいは端数計算上、差異が出ることもあります。この場合、ずれた分を会計上処理する必要があります。

一般的な商売においても、棚ずれと言って在庫が計算より少なくなっていることも起きます。そこで年に1回、期末（個人の場合は12月31日）に実際の残高を集計し、差異を損益計上するのです。

計算上より実際が少なくなっている場合は損として、増えている場合は利益として期末に計上します。

なお、あまりに多くの差異が生じると期中の損益の正確性も担保されません。その際には期中の取引データを再度見直すようにしてください。

会計データ作成のタイミングはいつ？

暗号資産の取引は、多くの方は数多くされていると思います。1日1回だけ、という方は少ないでしょうし、実際の取引も部分決済による取引成立が多く、取引データを見ると数百、数千、場合によっては何万という取引に細分化されていることがほとんどです。

さて、会計データはこの取引明細ごとに作成すべきなのでしょうか。

収支計算に関していえば、取引明細ごとに行うことが正解です。しかし、会計仕訳としては必ずしも取引明細と同じように作成する必要はありません。

会計上は慣例として、その取引内容について確認できる資料がある場合、その資料を参照できることを要件として、まとめて会計仕訳を計上することも認められています。これを**合計仕訳**と言います。

一方で、会計帳簿作成の**適時性**を会社法で求められています。会計データは年に1度まとめて作成するようなことではダメだと法律は求めているわけです。

そこで、毎日の取引を集計し、1日1回会計データを作成し、記帳することで、会社法にも税法にも適した会計処理ができることになります。

なお、クリプトリンク法人用ではこれらの会計仕訳データを、お使いの会計ソフトに適した形で自動作成することが可能です。手計算で行うよりもこういったツールを使うと手間が減って便利だと思います。

コラム④
ブロックチェーン技術で何ができる？

「ブロックチェーン＝暗号資産」と勘違いしている人は少なくありません。それだけ、ブロックチェーンが何となくわかるような、わからないような技術ということなのかもしれません。

ブロックチェーンは、インターネットを介して世界中の人たちが分散して台帳（データ）を保有するための技術といってもいいでしょう。その台帳には、さまざまな情報を乗せることができ、そこに新たな情報を書き込む時には、参加者が全員で正当な情報かどうかを確認し合います。この機能を活用して各種決済や送金などを行っているのが、暗号資産というわけです。つまりブロックチェーンが暗号資産なのではなく、暗号資産を機能させるためのプラットフォームが、ブロックチェーンなのです。

一時期、ブロックチェーン技術に対する注目度が大きく高まりましたが、暗号資産の価格が2017年12月をピークにして下落に転じたことから、徐々に関心の度合いが下がっていきました。暗号資産を例にすると、想定していたよりも送金に時間が掛かったり、あるいは送金のコストが案外安くなかったりしたことなど課題が浮かび上がってきたからです。

とはいえ、ブロックチェーンがこのまま「使えない技術」とみなされて、消滅の道をたどるようなことには、ならないと思います。前述したように、いくつかの課題がある技術ではありますが、課題はいつか解決されるはずです。本当にブロックチェーンが人類にとって有効な技術だという認識が広がれば、人はさまざまな工夫をして、課題を乗り越えていくものです。まだ実現には至っていないようですが、瞬時に送金できる仕組みも開発されつつあると言われています。

このように、着々と技術面が進化しているのと同時に注目されているのが、ブロックチェーンの多様化です。

前述したように、「ブロックチェーン＝暗号資産」と思っている人は結構いらっしゃいますが、暗号資産はブロックチェーン技術を用いることによって実現できる各種取引、サービスのひとつに過ぎません。

「過去の取引内容がすべて記録され、記録されたデータは過去に遡って改ざんできず、ブロックに書き込まれたデータは誰でも参照することができる」のが、ブロックチェーン技術の特徴です。その特徴を有効活用できる用途として、たまたま暗号資産が当てはまったわけですが、ブロックチェーンを記録するためのプラットフォームとして捉えれば、他にもさまざまな用途が考えられます。

たとえば医療カルテ。スマートウォッチなどのウェアラブル端末で心拍数、血圧、体温、その日の歩数、血中酸素濃度、睡眠状況、活動量などのデータをブロックチェーンに記録し、医療ビッグデータと組み合わせれば、将来どのような病気になるリスクがあるのかを事前に把握できる可能性があります。

物流も大きく変わるでしょう。たとえばどのような原材料を、どのように調達して製造したのかなどのデータをブロックチェーン上に記録すれば、トレーサビリティが確保できますし、製品として出荷した後、荷物が現在、どこにあるのかをトラッキングすることも可能です。運送会社は荷物のトラッキングに多額のコストをかけていますが、ブロックチェーンをベースにして、この仕組みが完全に実用化されたら、運送サービスは大きく変わるかもしれません。

たとえば荷物の運送は、無人トラックやドローンが担ってくれ、それらが今、どのあたりを移動しているのかについては、ブロックチェーンでトラッキングできます。こうして物流の無人化が実現すれば、運送業界が抱えている慢性的な人手不足問題が解決するでしょう。

また、最近は難民支援にブロックチェーン技術が使われています。作家で起業家のエミリー・パーカーが「現代ビジネス」に寄せた記事では、国連のWFP（世界食糧計画）がブロックチェーン技術を用いて、1年間でヨルダンにいる10万人以上のシリア難民に、900万ドルを送ったそうです。

具体的な仕組みはこうなっています。

シリア難民がヨルダンに到着したら、国連難民高等弁務官事務所（UNHCR）がシリア難民

1人1人の生体情報をスキャンして登録します。その後、UNHCRはWFPに対して、誰がどのような支援を必要としているのかを伝えるとともに、デジタルウォレットを作って、そこに食費を配分します。

かつては、この手の支援金が銀行を介して行われていました。しかし、取引の管理が大変で、正確に支払いが行われたのかどうかの確認作業に手間が掛かっていました。そこでブロックチェーンに記録すれば、支援金の不正流用を防げるとともに、正確に支払いが行われているかどうかの確認作業も不要になります。さまざまな障害によって資金が行き届かない、経済的谷間にいる人々にきちんと資金を届けることが可能になるのです。

ブロックチェーンは、これからの時代、社会にとって重要なインフラであるというのが、正しい認識ではないでしょうか。

第6章

暗号資産の税金に裏技はあるのか

クレジットカード納税のメリット

個人の確定申告は、1月1日から12月31日までに得た所得を、その翌年の3月15日まで（3月15日が土・日の場合はその翌日まで）に申告・納付する決まりになっています。そして、原則として税金は法定通貨、それも日本円で納めなければなりません。ビットコインやイーサリアムなどの暗号資産のままでの納税はできないことになっています。

したがって、暗号資産への投資で収益を得た人は、3月15日までに納税に必要な現金を準備しておく必要があります。

とはいえ、暗号資産の価格は常に動いていて、利益を確定させるにはタイミングが重要になってきます。

たとえば、12月31日までに1000万円の利益が得られたとしましょう。個人の場合、利益を確定させて初めてその利益が課税対象になるので、すでに売却して手元に現金があるか、もともと持っていたのとは別の暗号資産になっていることを意味します。

なかには、いったん現金化はしたものの、再び値上がりしそうな気配になってきたから、その資金で別の暗号資産を買ってしまうというケースだってあるでしょう。

この場合、買ったところまではいいのですが、そこから価格が下がってしまったら、どうでしょうか。手元に現金はないか少なくなっており、納税をするタイミングにおいては暗号資産として保有されている状態で、その価格は下がってきています。このまま所得税の納付期限である3月15日が近づいてきたら、やはり焦る気持ちが出てくるでしょう。税金を納めようにも、含み損を抱えた暗号資産になっているので、納税資金がないか、足りない状態です。

このような時はどうすれば良いのでしょうか。方法は3つあります。

第一は、他の資産を売却して何とか納税資金を調達することです。

第二は、納税するタイミングを**先延ばし**にすることです。もちろん、3月15日の納付期限を先延ばしにすることはできませんが、納付を現金ではなくクレジットカードまたは振替納税で行うのです。ここではクレジットカード納付について記述します。

意外と知られていないのですが、クレジットカードで納税することができます。もともと自動車税や不動産取得税、個人事業税などの地方税の一部はクレジットカード納税に対応していましたが、２０１７年1月4日からは国税もクレジットカードで納税できるようになりました。

クレジットカードで納税することのメリットは、この事例の場合だと、実際に納税するのを**最大約1か月先まで引き延ばせる**ことです。実際に確定申告をするのは3月15日の納付期限でも、クレジットカードを利用した分が自分自身の銀行口座から引き落とされるのは、そのさらに最大で1か月程度先になるためです。[1] それまでの間に暗号資産の価格が上昇すれば、利益確定をさせつつ納税に必要な資金も確保できるというわけです。

他にも、クレジットカードで納税するメリットがあります。

第一に、クレジットカード会社によっては、**分割払い**が可能になる場合があることです。たとえ1か月先でも一括で銀行口座から引き落とされるのが厳しいという場合は、確定申告時に税金をクレジットカードで納付する際に、分割払いやリボ払いなどを利用することによって、分割払いにするのです。そうすれば、税金の支払いを複数回数に分割できるため、納税負担を分散できます。ただし、相応の分割、またはリボ払いのための金利負担が生じます。

またクレジットカードで税金を納付すると、**ポイント**が貯まるケースがあるというメリットがあります。そのため実質的に節税効果が得られるとも言えます。納税額が大きくなるほど、ポイントで還元される分も大きくなるため、それを用いて買い物を楽しむことも

1　締めと請求タイミングはクレジットカード会社によって異なりますので、ご自身の利用しているクレジットカード会社に問い合わせてください。

できます。

ただし注意点もあります。

まず**決済手数料**がかかることです。納税1万円につき76円（消費税別）が別途必要になります。納税額が大きければ負担もそれなりになります（ポイント還元を考えるとそれほどでもない、とも考えることもできるかもしれません）。

次に手続きの**取り消しができない**ことです。もし過払いがあった時は、税務署で還付手続きを取ることができますが、払い込んだ税金に対応する決済手数料までは戻ってきません。なので、実際に納税手続きを取る際には、過払いにならないよう、自分が納めるべき税金の額が正しいかどうかをしっかり確認するようにしてください。

3つ目として、税額1000万円未満まで、かつクレジットカードの**決済可能額以下**である必要があります。多くの方はこの枠内で収まるとは思いますが、クレジットカード納付を行う際には事前に確認のうえ、利用するようにしてください。

振替納税のメリット

クレジットカード納付と同様に、実際の口座から引き落とされるまでの猶予期間を持てる方法に、**振替納税**を活用する方法があります。

これは、申告期限までに確定申告を行うと同時に、振替納税の申込（口座振替依頼書の提出）をすることで、3月15日ではなく、国税庁が設定する振替日まで現金の支出を遅らせることができます。

振替納税の場合、クレジットカード納税と異なり、**利用金額の上限額がありません**。また、振替日は確定申告分については4月20日前後になりますので、1か月ほど資金繰りの余裕を持つことができます。実際の振替日は毎年異なりますので、必ず国税庁のホームページを確認するようにしてください。もし残高不足で振替できない場合、法定納付期限（3月15日）から実際に振替、または納付できるまでの間の分の延滞税を負担することになるのでご注意ください。

なお、一度振替納税の手続きをしたら、以降の確定申告でも振替納税が適用されます。もし取りやめたい場合は「振替納税の取りやめ申出書」を提出しなければなりません。

どこまでやれば「脱税」なのか

「だつぜい」と「せつぜい」。ひらがなで書くとたった1文字の違いですが、両者は非常に大きな違いがあります。何しろ脱税は犯罪行為であり、罰則もあります。

　これに対して節税は、あくまでも税法上認められている方法を工夫して税金を安くすることです。つまり税法上、認められているか認められていないかという大きな違いがあるのです。

　また税法は複雑かつ難解ですから、個人が聞きかじった程度の知識で節税しようとは思わないことです。自分自身では「節税」だと思って行った行為が、実は節税になっておらず、後になって税務署から間違いを指摘されたというケースはたくさんあります。プロである税理士ですら、判断に迷うことが多いのが実際なのです。どうしても税金対策を行いたいというのであれば、事前に対策が得意な税理士に相談することが肝心です。

　ほんのちょっとしたことが脱税につながることがあります。たとえば食事をした時に白紙の領収書をもらい、そこに適当な数字を書き込んで会社の経費にしたとか、知り合いの会社に発注した内容よりも大きな金額で請求してもらい、翌期以降で調整する。あるいは知り合いの会社に発注したことにして利益を圧縮し、翌期以降に知り合いの会社から逆に発注してもらって利益を戻すといった行為は、かなり**悪質**です。この手の行為は、帳簿がちゃんと揃っているので、問題にならないと考えている人もいますが、実際の取引とは違ったことを行っているわけですから、故意に取引を偽装したということで**「仮装隠ぺい」**を指摘されることになります。仮装隠ぺいとなれば、これは脱税と判断されても仕方がありません。

ちなみに時々、企業や芸能人が「申告漏れ」を指摘されて、後日、税務署に修正申告をしたなどというニュースが流れることがあります。「申告漏れ」と「所得隠し」、「脱税」には、それぞれどういう違いがあるのか気になる人もいると思います。「いずれも脱税じゃないか」という声も聞こえてきそうですが、実際にはまったく異なります。

まず**申告漏れ**は、⑴税金の計算の際に計算間違いをしていた、あるいは認識が違っていたりして、利益が過少に申告されたケースと、⑵そもそも申告をしていなかった場合を指します。⑴の場合は、増額となった税額に10〜15パーセントの**過少申告加算税**が課せられます。⑵の場合は本来納付すべき税額に対し15〜20パーセントの**無申告加算税**が課されます。これらは要は行政処分によるペナルティであり、正しい（増加した）税額と共に過少申告加算税、無申告加算税を支払えば、それ以上のお咎（とが）めはありません。

問題は**「所得隠し」**と**「脱税」**です。

所得隠しと脱税は同じ意味と思っていただければと思います。基本的には⑴納税義務の存在を認識しており、(2)虚偽や不正を行っている認識があり、(3)税額の一部または全部を免れようとしていた場合は、**故意**に行ったものとして「脱税」とされるのです。したがって、仮装隠ぺいを故意に図った場合、所得隠しをしたとして脱税と認定されるというわけです。具体的には、前出の売上の隠ぺい（ごまかし）や架空経費、架空人件費の計上などが該当します。

悪質な仮装隠ぺいの場合、本来支払うべき税額に加え、増加した税額に対し35～40パーセントの**重加算税**が課されます。さらに法定納期限から実際の納付日までの延滞税が加算されます。つまり、申告漏れの場合は「つい、うっかり」ということが通用しますが、故意の仮装隠ぺいは、申告漏れや無申告と比較してペナルティが重めになります。

なお、脱税の程度が非常に悪質であると認定された場合、検察庁に告発され、**刑事罰**の適用を検討されることになり、場合によっては実刑になるケースもあります。実刑にならなくても、長期にわたる取り調べが待っており、そのダメージはかなりのものになります。さらに非常にまれですが、証拠隠しの恐れがあると思われた時には、被疑者の逮捕が行われるケースもあります。

いずれにしても、国税庁が検察庁に告発するのは、多額の脱税のケースであり、ひとつの目安として過去3年間で1億円の脱税を行った場合と言われています。しかし実際にはそれよりも少ない額で告発された事案もあります。やはり、できる限りきちんと収支計算をして、確定申告をすることが一番よい、ということはご理解いただけたでしょうか。

税務調査の実態

では、税務調査はどのように行われるのでしょうか。ここでは暗号資産投資家に対する税務調査の状況をお話ししたいと思います。

私は仮想通貨税務研究会を主宰しており、数多くの税理士の先生より、暗号資産投資家の税務調査に関して相談を受けたり、また対応策を一緒になって考えたり、もちろん、自分自身が税務調査に立ち会ったりということをしています。

この本の読者の方はまだ税務調査を受けていないかもしれませんが、すでに結構な数の税務調査や、税務署からのお尋ねがなされています。

税務調査は、国税通則法という法律に基づいて行われる手続きのことをいいます。この前段階にあたるのが、税務署からのお尋ねになります。

この**お尋ね**は、すでに申告された内容に不備があったり、資料が不足しているかもしれない、というような場合に連絡があるもので、厳密には税務調査ではありません。これは個人の所得税では結構あることで、この段階ではあなたについていろいろと調べているわけではありません。

一方で、**税務調査**の場合は、いろいろな指標を使って対象者を抽出したり、申告内容や日頃の金融取引などで不審な点があったり、あるいはいわゆるタレコミ（脱税などの恐れがあるとの情報提供）によって税務当局が行うものになります。特に悪いことをしていなくてもほぼ無作為で対象になることもありますし、その年によって当局が重点対象とする業種・業態・取引がありますので、これに該当した場合などでも調査が行われることもあります。

まず、自分自身の住所・居住地（法人の場合は本社所在地）の所轄税務署から通知があります。個人であれば個人課税部門（相続・贈与が絡む場合は資産課税部門である場合もあります）、法人の場合は法人課税部門から、通常は電話で本人に連絡があります。もし電話が繋がらない場合などは、申告書記載の住所に郵送で、税務署に連絡するように通知があります。これらを**事前通知**といい、通知する内容なども法定化されています。これを**任意調査**といいます。

ただし、いわゆるマルサと呼ばれる「国税局査察部」による**強制調査**の場合は、事前に通知がなされず、いきなり家や会社、そして関連先に査察部の調査官が来る場合があります。この場合は脱税の疑いが非常に高く、証拠資料の隠滅を防ぐために行われるので、通常はあり得ません。強制調査の段階で、ある程度の脱税の証拠を当局が入手しており、強制調査の許可を得ているということになりますので、本当の**ヤバイ状況**といってもいいでしょう。

また、任意調査の場合であっても、事前に対象となる納税者に関する情報をいろいろと入手し、簡単な分析をしてから実施されることがほとんどです。もしかすると「だんまりを決め込めばわかりはしないだろう」と思っているかもしれませんが、皆さんの想像よりもはるかに多くの情報を入手していることもあります。もちろん、調査の際に手の内は明かしてくれません。

一例として、本人名義や家族名義の銀行預金口座の取引内容や残高といった金融取引に関する情報、家族の収入の内容程度は事前に入手していることもあります。

ちなみに、一般的な税務調査は「任意調査」となりますが、任意といっても税務調査の通知があった段階で**「受忍義務」**といって協力しなければならない義務があります。応じなかったり、資料を出さなかったり、虚偽の説明や資料を出した場合、1年以下の懲役または50万円以下の罰金に処されることになっています。ただ、協力すればいいので、たとえば当初調査官から言われた調査日程や場所について、調整をしてもらったりすることは可能です。

任意調査は、税務署の調査官が1~2名で対応することが多いのですが、暗号資産投資家の場合は、**情報技術専門官**という、情報処理に関するスペシャリストが同席したり、担当することが多い傾向にあります。暗号資産投資は取引内容やデータが多岐にわたり、膨大になることが多いためです。2018年くらいまでは税務署の職員は暗号資産に関していといと言われていましたが、各地で署内・局内の勉強会なども行っているようです。一部ではありますが、かなり詳しい調査官・専門官も増えてきていると思います。

調査の場面では、取引所の取引履歴のほか、銀行取引内容などをオンラインで入手し、そのデータを目の前でUSBメモリーにコピーして提出したりといった作業を行うことがほとんどです。場合によってはスマートフォンの2段階認証アプリを確認し、利用している取引所を確認したりといったことも行われます。これは計算から漏れている取引所やウォレットがないかの確認のために行われます。

暗号資産投資家の税務調査では、その場で計算が終わることはほとんどないため、調査官がデータや資料を持ち帰って分析・計算し、その後複数回にわたって面談などを行ったうえで正しい所得と税額が計算されて、元の申告が正しければ特に何もなく（書面で現段階では指摘すべき事項がない、と通知をもらえます）、間違っている場合は自分自身で修正申告を行うか、税務署長が更正処分を行い、納税者に納税を求める、ということになります。

もし税務調査の通知があったら、税務調査に対応してくれる税理士に同席してもらったほうが良いでしょう。前述のとおり、法に基づいて行われるのが税務調査であり、その手続きや方法については法律で定められています。投資家の皆様はそんな法律のことはご存じないでしょうが、税務調査の場面では知らない間にご自身が不利になるような場合もあります。暗号資産取引に精通しつつ、税務調査の経験が豊富、となるとかなり限定されてしまいます。それでも税務調査対応が得意な税理士は探せばある程度はいますので、探してみてください。もし見つからないようであれば、仮想通貨税務研究会で無料紹介もしています。

海外移住してみる？

億り人になるなど相応の資産を持てた人が次に考えるのが、海外移住です。理由は、日本に比べて税金が安い国があること、場合によっては暗号資産取引の利益には**課税しない**という国もあるからです。

すでに説明してきたように、日本の個人投資家が暗号資産を保有することによって得た収益は、雑所得として総合課税されます。しかも所得税は累進税率なので、所得が多い人ほど高くなります。住民税も合わせれば最高税率は55パーセントです。当然、日本国内でこれだけの税金を納めたくないという人は、海外脱出を考えるようになります。

たとえば香港の場合、個人の所得税は累進税率が適用されるとはいえ、税率は2～17パーセントです。最高税率の17パーセントでも、日本に比べたら圧倒的に低率です。さらに暗号資産取引を含む、香港外での所得やキャピタルゲインによる所得はそもそも非課税です。

シンガポールの個人の所得税率も最高税率で22パーセント、マレーシアは30パーセントです。そしていずれの国も暗号資産取引に関する所得は非課税です。こうなると、海外の税率が低い国で永住権を取得して、日本の非居住者になったほうが良いと考える人が出てくるのも不思議ではありません。

ただ、注意点も結構あります。単純に海外で長く生活すれば良いというものではないからです。

まず、日本から海外に移住する時は、**「国外転出時課税制度」**があって、1億円以上の対象資産を持っている場合は、その時点の時価で資産を第三者に売却したという前提で利益を計算し、それに対して課税されます。つまり含み益に対しても課税されるのです。

ちなみに対象となる資産は、株式や投資信託などの有価証券、匿名組合契約の出資の持分、未決済の信用取引・発行日取引および未決済のデリバティブ取引（先物取引・オプション取引など）です。暗号資産はまだ含まれていませんが、前出の各資産を相当金額保有している場合は、持っているだけでも含み益に課税されるということを理解しておいてください。

また、日本の非居住者になるためには、前述したようにかなり厳しいハードルがあります。一般的には「183日ルール」といって、日本国内に183日以上いないことが第一の条件になりますし、実際にそうなのかどうかを、パスポートで確認されることもあります。さらに日本国内に重要な生活の拠点になる場所がないといったことも必要です。

確かに、海外移住することによって、日本国内に住むよりも低い税率が適用されるのを望む人は少なくないと思います。個人的に海外移住は最後の策だと考えています。海外移住したら移住先に自分の資産を置くことになりますが、果たしてその国・地域は、自分の財産を安心して置いておくことができるところなのでしょうか。たとえば独裁的な政権の国だと、たとえ永住権を持っていたとしても、外国人の財産を平気で没収するようなケースも十分に起こり得ます。

新興国は先進国に比べて法制度もしっかりしていないケースが多いので、個人資産の安全性が守られないこともあるでしょうし、軍事政権が樹立したことにより、その国にある資産が没収されてしまうことも考えられます。

いずれにしても、単純に税率が低いからといって移住してしまうのは、かなりリスクの高い行為であると言わざるを得ません。

そしてもうひとつ、海外移住をするというのは、当たり前のことですが、その国で生活をするということです。決して観光旅行に行っているわけではありません。生活するためには、相応の資産を持つか、稼ぐ必要があります。自分自身に稼ぐスキルがあるのかどうか。現地で生きていけるだけの財産や能力があるのか。最終的には問われます。その自信があるならば、海外移住は有効な手段になり得ます。

個人的には、移住を選択するのであれば、もう二度と日本には戻ってこないくらいの気概で行われることをお勧めいたします（たまに帰郷するような程度で、という意味でです）。

コラム⑤
数は力

株式に投資している人が、次のようなことを実際に行ったとしたら、どういうことになるでしょうか。

1、大量の買い注文を出した直後、それを取り消す。
2、出来高の少ない銘柄で、板に出ている注文の大半を買う（売る）取引を繰り返す。
3、直近の出来高に比べて大量に買い（売り）注文を出す。
4、その日の取引において高値を付けた後、それに追随する形で買い注文を出す。あるいは安値を付けた後、それに追随する形で売り注文を出す。
5、複数日にわたって、引け成行注文を発注する。
6、事前に自分とその仲間たちで特定の銘柄を仕込んでおき、セミナーなどを通じて、「この銘柄は値上がり確実です」などと言う。

いずれのケースも「相場操縦の疑いあり」と言われるはずです。そして、こんなことを繰り返していたら、ほぼ間違いなく証券取引等監視委員会から呼び出しがかかるでしょう。

こうした相場操縦では、時価総額の小さな銘柄が狙われます。時価総額が小さければ、この手の違法取引で儲けようと考えている人たちの資金力でも十分、相場を動かせるからです。これが時価総額で5000億円といった大企業の株式になると、ちょっとやそっとの資金を投入しても、株価への影響はほとんどないでしょう。昭和の時代、株式市場には「仕手筋」と呼ばれる連中がいて、自分たちが大儲けできるようにさまざまな方法で株式の大量注文を出していました。その時、株価の安い「低位株」がターゲットにされたのも、株価を動かしやすいからです。

実は、これとまったく同じような現象が、最近の暗号資産のマーケットでも起こりがちです。というのも、暗号資産は全体的に取引量が少ないため、株式の相場操縦をするのと同じように、価格を操作できる余地が大きいのです。

ビットコインやイーサリアムのように、よく知られた暗号資産であれば、ある程度、日々の取引量はあります。が、それ以外の暗号資産、なかでも「草コイン」と呼ばれている知名度の低い暗号資産になると、取引量が非常に少ないため、いともたやすく価格を動かすことができてしまいます。

たとえば2013年の年初、ビットコインの価格は1BTC＝3000円程度でした。それが一時は237万円まで値上がりしたので、ざっと790倍にもなりました。

その後、ビットコインの価格は急落しましたが、それでも現在の価格は80万円程度なので、2013年の年初から見れば、266倍にもなります。もし、2013年の年初に、ビットコインを300万円分購入していたら、現在の資産価値は7億9800万円にもなります。典型的な「タラレバ」の話になりますが、ドブに捨てても良い感覚で、ビットコインを300万円分買っていたら、何と79億8000万円です。一生、遊んで暮らしても、まだまだお金は余ります。税金で半分が持っていかれたとしても、40億円に近いキャッシュが手元に残るのですから。

これだけのキャッシュを持っていれば、マーケットなんて自由自在に動かせるでしょう。もし1億円くらいの売りが出てきたとしても、これに10億円の買いをぶつければ、簡単に売りを潰し、さらに価格を押し上げることができます。個人ベースで数十億円もの資産を持っている人たちが数名集まって、暗号資産の価格を我が物のように動かしているコミュニティーもあるという話も聞きます。

また事前に草コインを仕込んでから、100人くらいを集めてセミナーを開き、「ここからある草コインが値上がりします」などと言えば、おそらく参加者の大半がその草コインを買いに動くでしょう。その結果、価格は上昇します。その時、自分が事前に仕込んでおいた草コインを売却して利益を確定させるといった取引も、かなり頻繁に行われているようです。まさに「数は力」です。

暗号資産を投機の対象として考え、売買益を狙っている人は、このマーケットが特定のお金持ちによって左右される余地があることを、十分に理解しておいたほうが良いでしょう。

また暗号資産に限った話ではありませんが、ルールの厳格化は人気の後退につながります。ビットコインやイーサリアムのようなメジャーな暗号資産ならまだしも、その他のマイナーなアルトコインを持っている投資家にとって、マーケットの人気の後退は流動性リスクにつながります。マイナーな暗号資産を保有している人は、今後この手のリスクが浮上してくる恐れがあることを認識しておいたほうが良さそうです。

ちなみに有価証券で禁止されている相場操縦は、暗号資産ではもともと法制度上禁止されていませんでしたが、今回、金融商品取引法と資金決済法の改正により禁止される運びとなりました。

おわりに

筆者である私は、暗号資産の取引を2016年末からはじめました。そのきっかけは、その時に訪れた香港の尖沙咀（チムサーチョイ）にあるホテルのルーフトップバーでの出来事でした。

そこで、お世話になっている現地のファイナンシャルアドバイザーさんに、

「なぜ仮想通貨の投資をしないのか」

「税制が定まってないなら君が第一人者になればいいじゃないか」

「なぜそのチャンスをつかまないのだ」

と、お説教を喰（く）らったことから始まりました。今考えれば酔っ払いのたわごとかもしれませんが、結構、心に響いて帰国した記憶があります。

帰国後、日本国内の取引所に口座を開設し、ビットコインを購入し、しばらく放っていました。すると2017年の春先に、1BTCが20万円の値をつけたのです。もともと8万円程度で買っていたのですが、ちょっとした小銭稼ぎになりました。その後もちょこちょこと小さな売買を続けていました。

しかし、いざ税務申告をするとなると、どうすればいいのかと考えるようになりました。

実際、表計算ソフトを使い損益を計算しようとすると、ものすごく、とんでもなくメンドクサイことがわかりました。また、税制も当時は定まっておらず、さまざまなブログなどの不正確な情報に右往左往している投資家の姿が、ＳＮＳからも伝わってきていました。

そこで、私は自社のホームページやブログでできる限り税理士であれば当然判断するであろう解釈を発信し続けてきました。実際、ほぼ私が記載したとおりに国税庁のＦＡＱが発信され、税法も改正されてきました（一時は私の解釈が間違っているなどとバッシングを受けることもありましたが）。

実は、税制は国家資格である税理士でもその取扱いは非常に難しいものです。法律の条文の読み方・解釈ひとつで判断が異なることもあります。本書に記載している内容も、時の経過や新たな税制改正、あるいは当局の判断が示されることで変わることもあります。

また、多くの税理士は暗号資産投資をしたことも触れたこともありません。どんな取引があるのか、損益計算を・会計処理をすべきなのか、知らないという方がほとんどです。

私は本書を出すまでの間に延べ２０００人を超える税理士の先生方に暗号資産の会計・税務についてお話をさせていただきましたが、大半は興味を持って聴講くださっているもののの、いざ自分が暗号資産の確定申告をするかというと、９割近い先生が、しない・したくない・しないと思う、と言っています。

今後、暗号資産はさまざまな形で社会のインフラに入りこんでいくと思います。投資対象としてだけではなく、決済手段やさまざまな財産のカタチとしてブロックチェーンが利用されればされるほど、暗号資産のパターン・取引は多様化します。

その時に、きちんと収支計算を行い、申告・納税ができないとしたらどうなるでしょうか。ただでさえ暗号資産は、日本国内にとどまらず、世界中で取引され、世界中の法定通貨と結果的には交換されていく財産です。

なのに、きちんと申告・納税できない。結果として、それでペナルティを科される。税理士に相談しても応じてもらえない。そんな世の中、嫌じゃないですか？

私はそんな日本になってほしくありません。

本書は、きちんとしたい・生きていきたいと思っている、大多数のふつうの日常を過ごしている暗号資産投資家の皆様と、暗号資産に対してまだまだとっつきにくいと思っている、社会の税のインフラを担う税理士の先生方に、少しでも暗号資産の取引から生じる、損益計算や会計処理、税金の考え方を、まとめて・わかりやすく伝えることで、暗号資産を扱うすべての人が、安心して生活でき、ブロックチェーンを発展させていける日本の社会を創るにあたり、少しでも役に立てればと思い、著した次第です。

皆様の人生にとって、ほんのちょっとでいいので、本書が何か素敵な未来につながるようなきっかけになれば、とてもうれしいと思っています。

最後に、本書の企画段階で東奔西走していただいた、アメジスト香港の笹子善充様、ルーフトップ（だけじゃないけど）で説教してくれた福永靖文様、そのご縁で支援いただいている齊藤文護様、本書の編集に尽力していただいた鈴木雅光様、五十君裕司様、無理難題を形にしてくれた、クリプトリンクの横山さんと酒井さんをはじめとした皆さん、いつも優しくサポートしてくれる鯨岡さんをはじめとするファシオの皆さん、ビジネス社の唐津隆様はじめとする皆さん、仮想通貨税務研究会の先生方をはじめ、多くの方のご支援によって出版することができました。

心から感謝を述べつつ、〆とさせていただきます。

これからもアップデートを続けていきますので、引き続きお付き合いくださいませ。

2020年2月

八木橋泰仁　拝

【著者プロフィール】
八木橋　泰仁（やぎはし・やすひと）
税理士・行政書士・日本ＦＰ協会認定ＣＦＰ®・１級ＦＰ技能士
税理士法人ファシオ・コンサルティング　代表税理士
クリプトリンク株式会社　ファウンダー・ＣＥＯ
仮想通貨税務研究会　主宰
上場企業から中小企業、仮想通貨・暗号資産投資家まで、幅広い顧問先に税務や経営のアドバイスを行う税理士法人の代表である傍ら、仮想通貨・暗号資産の収支計算や管理アプリを提供するベンチャー企業を立ち上げた、「仮想通貨・暗号資産税務・会計」の第一人者。
仮想通貨・暗号資産に関しては「億り人」という言葉が生まれる前から情報を発信し、日本経済新聞や朝日新聞などのメディアにも多数登場。講演も精力的に行い、すでに 2,000 人以上の税理士・会計士が暗号資産税務・会計のセミナーを聴講、その他の税務を含めると２万人以上の税理士・経営者などがセミナーを聴講している。
専修大学商学部会計学科、筑波大学大学院経営・政策科学研究科企業法学専攻修了（法学修士）。大学卒業後、大手金融機関に就職し、主計部、総合企画、営業支援や社内ベンチャーの立ち上げに参画するなど様々な経験を経て独立開業。現在は上場企業やベンチャー企業の役員にも就任している。
主な著書に『小規模介護事業者の会計実務』（厚有出版）、『小説で学ぶクリニックの事業承継－ある院長のラストレター』（中外医学社・共著）など多数。

編集協力／鈴木雅光

ビットコイン　大破産時代の到来

2020年3月1日　第１刷発行
2020年4月1日　第２刷発行

著　者　八木橋　泰仁
発行者　唐津　隆
発行所　株式会社ビジネス社
〒162－0805　東京都新宿区矢来町114番地
神楽坂高橋ビル5F
電話　03－5227－1602　FAX 03－5227－1603
URL　http://www.business-sha.co.jp/

〈カバーデザイン〉中村聡
〈本文DTP〉茂呂田剛（エムアンドケイ）
〈印刷・製本〉モリモト印刷株式会社
〈編集担当〉本田朋子〈営業担当〉山口健志

ISBN978-4-8284-2165-0